Dogan Ibrahim
Rafiq H. Maulud

Internet das coisas: Uma casa inteligente sem fios

Dogan Ibrahim
Rafiq H. Maulud

Internet das coisas: Uma casa inteligente sem fios

ScienciaScripts

Imprint
Any brand names and product names mentioned in this book are subject to trademark, brand or patent protection and are trademarks or registered trademarks of their respective holders. The use of brand names, product names, common names, trade names, product descriptions etc. even without a particular marking in this work is in no way to be construed to mean that such names may be regarded as unrestricted in respect of trademark and brand protection legislation and could thus be used by anyone.

Cover image: www.ingimage.com

This book is a translation from the original published under ISBN 978-3-659-83304-5.

Publisher:
Sciencia Scripts
is a trademark of
Dodo Books Indian Ocean Ltd. and OmniScriptum S.R.L publishing group

120 High Road, East Finchley, London, N2 9ED, United Kingdom
Str. Armeneasca 28/1, office 1, Chisinau MD-2012, Republic of Moldova, Europe
Printed at: see last page
ISBN: 978-620-8-28440-4

ÍNDICE DE CONTEÚDOS

PREFÁCIO

Este livro apresenta o desenvolvimento de um protótipo de sistema de casa inteligente sem fios e de baixo custo para controlar os aparelhos domésticos num edifício. O sistema oferece uma interface de utilizador amigável, baseada numa aplicação androide para smartphone, para controlar aparelhos e dispositivos a partir de qualquer parte do mundo, com uma conetividade IP para aceder ao micro-servidor Web incorporado. Este sistema utiliza uma interface Ethernet Arduino que executa um servidor Web de dados simples para evitar a utilização de um computador pessoal como servidor, a fim de reduzir ao mínimo o custo global do sistema. Para a comunicação entre o nó do micro-servidor Web e os nós finais, são utilizados módulos XBee. O que distingue o ZigBee dos outros é a facilidade de utilização, o consumo de energia extremamente baixo, a rentabilidade, a fiabilidade e a baixa latência, suportando um grande número de nós ligados numa única rede de controlo.

Este livro é composto por cinco capítulos: Introdução, Revisão da Literatura, Especificação e Conceção do Hardware, Desenvolvimento do Software, Resultados e Discussão, Conclusões e Trabalho Futuro.

O primeiro capítulo é uma introdução na qual o capítulo apresenta uma breve descrição do projeto, como a declaração do problema, o objetivo da tese, a importância da tese e as limitações do estudo.

O capítulo 2 abrange a revisão da literatura, onde é abordada uma breve história da IoT e das aplicações em que a IoT desempenha um papel fundamental para a iluminação dos sistemas domésticos inteligentes, e também são revistos alguns trabalhos anteriores relacionados.

No Capítulo 3, os componentes de hardware utilizados no sistema desenvolvido são especificados em pormenor.

O capítulo 4 aborda o desenvolvimento da aplicação Android e do software dos nós de hardware, sendo também apresentada a conceção da rede Xbee.

O capítulo 5 descreve em pormenor o sistema concebido.

Rafiq H. Maulud & Dogan Ibrahim

CAPÍTULO 1

INTRODUÇÃO

A Internet das coisas (IoTs) é um termo utilizado para descrever diferentes coisas (electrodomésticos, dispositivos, smartphones, até mesmo seres humanos e animais) ligadas entre si e à Internet. Isto permite a comunicação entre todos os dispositivos e proporciona a capacidade de monitorizar e controlar os dispositivos à distância. Normalmente, são atribuídos identificadores únicos a todos os dispositivos para lhes conferir uma identidade única na rede. As IoT são consideradas uma nova dimensão no mundo das TI e da comunicação, porque têm tido um enorme impacto na indústria nos últimos anos. A rede dinâmica das IoT está realmente avançada e continuará a expandir-se até atingir o objetivo da conetividade AAA (Anyone, Anytime, Anywhere). A Cisco prevê que 50 mil milhões de dispositivos ligados estarão a ser utilizados até 2020. (Cisco, 2013). A Internet das Coisas tem o potencial de revolucionar o sector dos sistemas domésticos inteligentes, de fornecer inteligência e um ambiente confortável para melhorar a qualidade de vida. Nesta tese, é concebida uma pequena rede baseada no tema IoT, que permite ao utilizador controlar diferentes dispositivos utilizando um smartphone.

O objetivo deste livro é desenvolver um sistema de casa inteligente sem fios baseado na IoT que seja rentável e permita aos utilizadores controlar os seus dispositivos com a ajuda dos seus telemóveis inteligentes.

Eis a lista de funções que o sistema desenvolvido terá:
- Ligará uma luz, uma ventoinha e um motor de passo a um controlador central que terá a capacidade de comunicar e controlar todos estes nós.
- O controlador central será ligado à aplicação do telemóvel inteligente através da Internet. Esta aplicação permitirá o controlo do controlador central e, por sua vez, o controlo de todos os dispositivos.
- A aplicação será protegida por palavra-passe e só poderá ser acedida por utilizadores autorizados.

CAPÍTULO 2
REVISÃO DA LITERATURA

A Internet das Coisas é um conceito de diferentes dispositivos ligados à Internet. A ideia básica deste conceito é a presença omnipresente de uma variedade de coisas ou objectos à nossa volta, como etiquetas de identificação por radiofrequência (RFID), sensores, actuadores, telemóveis, etc., que, através de esquemas de endereçamento únicos, são capazes de interagir entre si e cooperar com os seus vizinhos para atingir objectivos comuns (Giusto et al., 2010).

A IdC não está apenas a transformar a indústria, mas também a vida dos consumidores. É utilizada para prestar melhores serviços de saúde, serviços energéticos e melhorar o nível de vida. Desempenha um papel importante na indústria automóvel, na logística, etc.

Este capítulo apresenta uma breve história da Internet das Coisas, os domínios em que a Internet das Coisas desempenha um papel fundamental, o papel da Internet das Coisas na casa inteligente e os seus benefícios, bem como vários projectos e trabalhos na área da Internet das Coisas para a automatização da casa ou para os sistemas domésticos inteligentes utilizando diferentes tecnologias.

2.1 História da IoT

O termo IoT ou Internet das Coisas é atualmente muito utilizado para descrever uma série de tópicos. No entanto, este termo foi cunhado pela primeira vez por Keven Ashton em 1999. Utilizou este termo numa apresentação para descrever um mundo futuro em que todos os dispositivos estarão ligados à Internet. Em 2009, no RFID Journal, Ashton desenvolveu o termo no seu artigo:

> "Se tivéssemos computadores que soubessem tudo o que há para saber sobre as coisas - utilizando os dados que recolhessem sem a nossa ajuda - seríamos capazes de localizar e contar tudo, e reduziríamos grandemente o desperdício, a perda e o custo. Saberíamos quando as coisas precisavam de ser substituídas, reparadas ou recolhidas, e se estavam frescas ou fora de prazo. A Internet das Coisas tem o potencial de mudar o mundo, tal como a Internet o fez. Talvez ainda mais" (Ashton, 2009).

Na altura, parecia um sonho. Mas Ashton apenas deu um nome diferente a uma técnica que já existia. O conceito de uma cidade inteligente, de dispositivos mais inteligentes e de um mundo ligado já existia há muito tempo.

No mesmo ano, 1999, Andy Stanford-Clark e Arlen Nipper introduziram o MQ Telemetry Transport (MQTT). Foi o primeiro protocolo máquina-a-máquina para dispositivos ligados. A ideia básica por detrás deste protocolo era criar uma norma para a comunicação entre dispositivos, de modo a que estes pudessem comunicar entre si através de mensagens leves, como se mostra na Figura 2.1, consumindo assim pouca largura de banda (Gunner, 2013).

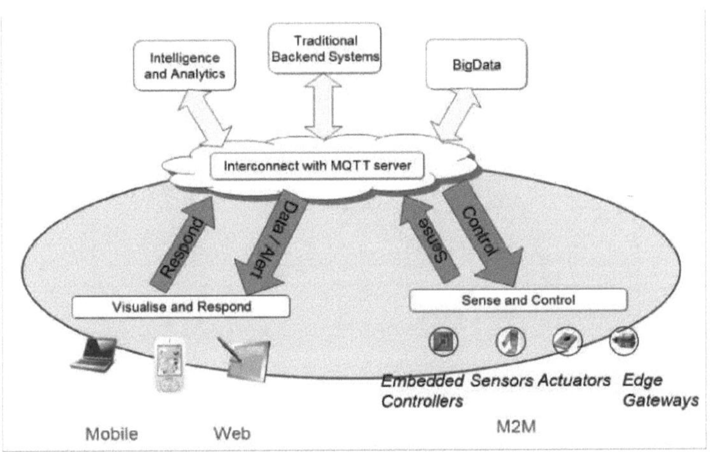

Figura 2.1 Topologia MQTT (Gunner, 2013)

Schoenberger (2002) publicou um artigo na Forbes intitulado "The Internet of Things" (A Internet das Coisas), no qual afirmava: "As lojas têm olhos. Agora estão a ganhar cérebros. Em breve, minúsculos chips sem fios colocados em frascos de champô e calças de ganga irão rastrear tudo o que usamos e compramos".

Depois disso, a Internet das coisas tornou-se um termo quente e muitas pessoas começaram a desenvolvê-lo. Este termo específico foi mencionado em diferentes artigos e publicações da Scientific American, Boston Globe e The Guardian. Este facto indica a importância deste conceito.

Em 2005, uma equipa de estudantes do Interaction Design Institute Ivrea, em Ivrea, Itália, desenvolveu o Arduino (Gibb, 2010). Tratava-se de um microcontrolador de placa única baseado no Atmega8 (microcontrolador de 8 bits da Atmel). Incluía todos os circuitos básicos a bordo para utilizar o microcontrolador como um dispositivo "plug and play". Com o Arduino no mercado, as coisas mudaram muito e esta pequena plataforma tornou-se o dispositivo mais utilizado no desenvolvimento de dispositivos ligados.

Em 2011, a IoT apareceu pela primeira vez no Gartner Hype Cycle. Este gráfico do Hype Cycle, criado pela Gartner, mostra a sua perspetiva sobre tecnologias específicas e o seu progresso desde o acionamento da tecnologia até ao patamar de produtividade (Gartner, 2011).

Como se pode ver na Figura 2.2, a Internet das Coisas surgiu na fase de ativação da tecnologia, em que a IoT tinha conseguido um grande avanço.

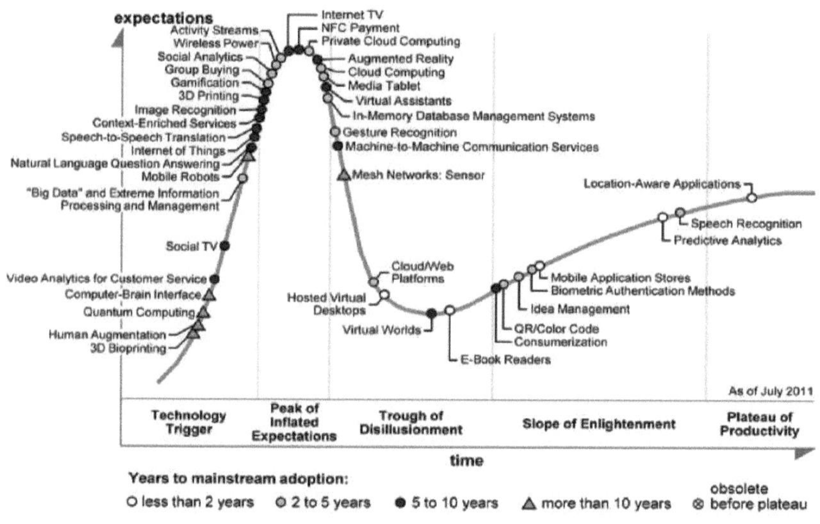

Figura 2.2 Ciclo de tendências da Gartner (Gartner, 2011)

A VB (Venture Beat) designou 2014 como o ano da Internet das Coisas (VB, 2013), porque as pessoas começaram a utilizar dispositivos e gadgets ligados mais frequentemente do que nunca.

Aparelhos de fitness, dispositivos de segurança doméstica, termóstatos digitais, carros conectados, veículos autónomos e até robôs conectados tornaram-se coisas bastante comuns este ano. Todos estes dispositivos são o resultado do conceito de IoT. Hilton

(2012) prevê que o número de dispositivos ligados à Internet passe de 100,4 milhões em 2011 para 2,1 mil milhões em 2021, crescendo a um ritmo de 36% por ano.

2.2 Aplicações da IoT

A IoT tem um enorme potencial de desenvolvimento em quase todos os domínios. Há um grande número de aplicações que estão a ser desenvolvidas diariamente com base no tema da IdC. Os principais domínios de aplicação em que a IdC desempenha o seu papel fundamental são os seguintes

- Transportes e logística
- Cuidados de saúde
- Ambiente inteligente
- Domínio pessoal e social

2.3 IoT em sistemas de automatização doméstica

A casa automatizada, ou mais comummente designada por casa inteligente, é uma das muitas aplicações do conceito IoT. A Figura 2.3 dá uma ideia de uma casa inteligente ligada.

Figura 2.3 Casa inteligente, controlada a partir de uma aplicação móvel (auto webbed, 2015)

As nossas casas estão automatizadas há muito tempo, ligamos um interrutor num sítio e a porta da garagem abre-se automaticamente no outro sítio. Isto é automação, mas é com fios, requer a nossa presença no local de ação. No entanto, a IoT revolucionou este conceito, uma vez que introduziu o conceito de deteção e controlo do comportamento dos dispositivos remotamente. Para além disso, os dispositivos tornaram-se inteligentes, podem dizer-nos o seu estado e podem tomar medidas automaticamente de acordo com ele. Por exemplo, um sensor presente no seu telhado pode detetar se é dia ou noite e pode ligar automaticamente a luz da sua garagem. É completamente independente, não precisa de o supervisionar ou de estar presente para que funcione. Este conceito é ainda mais aperfeiçoado com a utilização de uma aplicação móvel para controlar e monitorizar todos os aparelhos da sua casa. Pode ter a temperatura e a humidade dos seus quartos no ecrã do seu telemóvel e pode ter o estado das suas luzes no seu telemóvel. Pode ligar/desligar os seus aparelhos remotamente a partir de qualquer parte do mundo, porque todos os seus aparelhos estão ligados à Internet e tem acesso a eles a toda a hora.

2.4 Benefícios das casas inteligentes

Já falámos sobre o envolvimento de dispositivos conectados nas nossas casas. Mas quais são os seus benefícios? Porque é que precisamos deles e o que podemos conseguir com eles? Estes pontos estão resumidos nos seguintes títulos:

- **Controlo:** A vantagem mais proeminente é o controlo, mais precisamente o controlo remoto. Tem acesso imediato a todos os aparelhos da sua casa. Pode ligá-los ou desligá-los a partir de qualquer lugar e pode verificar o seu estado onde quer que esteja. Suponhamos que está a ir para o aeroporto e que tem um clique na cabeça para saber se trancou ou não o portão principal. Basta ligar a aplicação móvel para saber se o portão está trancado ou não.
- **Conveniência:** Com o controlo vem a conveniência, uma casa inteligente permite-lhe ter o seu café pronto quando chega a casa vindo do escritório. Permite-lhe conceder acesso remoto a determinadas pessoas à sua casa em determinadas alturas. Dá-lhe a tranquilidade de saber que a sua casa está sempre segura e sob o seu controlo
- **Poupança:** As casas inteligentes não só permitem o controlo dos seus dispositivos, como também são capazes de monitorizar de forma inteligente o consumo de energia dos dispositivos e desligá-los quando necessário para poupar energia
- **Segurança:** As casas inteligentes têm câmaras com Wi-Fi e câmaras IP instaladas, o que permite monitorizar as casas 24 horas por dia. Além disso, são instalados sensores de fumo, sensores de presença humana, sensores laser e alarmes

automáticos contra intrusos, o que aumenta significativamente a segurança das casas.

- **Independência dos idosos:** Outra grande vantagem das casas inteligentes é o facto de permitirem que as pessoas idosas ou com deficiência controlem facilmente os dispositivos.

2.5 Obras relacionadas

Uma das soluções iniciais de automatização doméstica baseava-se em Bluetooth (Piyare e Tazil, 2011; Chiu-Chiao et al., 2011; Potts e Sukittanon, 2012; Ramlee et al., 2013; Yan e Shi, 2013). Foi fornecido um dispositivo central de comunicação Bluetooth (que actua como servidor Bluetooth) e todos os dispositivos tinham um cliente Bluetooth. Esse servidor comunica e controla os dispositivos com a ajuda do Bluetooth, pelo que o alcance era limitado. Por conseguinte, este sistema não era verdadeiramente "remoto". Mais tarde, as casas inteligentes foram introduzidas com Ethernet e WiFi. Nesses sistemas, o Bluetooth foi substituído por uma das tecnologias mencionadas anteriormente. Estes sistemas baseavam-se verdadeiramente no conceito de IoT, uma vez que estavam ligados à Internet e tinham a capacidade de controlar os dispositivos a partir de qualquer lugar.

Também foram desenvolvidos sistemas baseados na domótica utilizando módulos GSM (Shahriyar et al., 2008). Estes sistemas eram controlados através do envio de comandos AT para o módulo GSM que, por sua vez, controlava os dispositivos a ele ligados. Outro aspeto dos sistemas de domótica é o modo de comunicação entre os dispositivos e o controlador central. Inicialmente, o Bluetooth era utilizado para este fim, mas com o advento do Zigbee e de outras soluções M2M sem fios semelhantes, foi substituído.

ElShafee e Hamed (2012) desenvolveram um sistema de casa inteligente utilizando a tecnologia WiFi. Os electrodomésticos interligados podem ser geridos através de um servidor Web baseado num computador (com placa WiFi incorporada). Os utilizadores têm acesso local ao sistema através da LAN ou acesso remoto através da Internet.

Os sistemas apresentados por (Alkar e Buhur, 2005; Liang et al., 2002; Rajabzadeh et al., 2010; Sharma e Reddy, 2012) podem ser controlados através da Internet. Neste caso, existe uma base de dados, uma página Web e um servidor Web dedicados a gerir os dispositivos domésticos interligados. O facto de se utilizar um computador nestes sistemas faz com que o consumo de energia e o custo aumentem significativamente. Além disso, o desenvolvimento de uma base de dados, a conceção de uma página Web e o seu alojamento também implicam custos mais elevados.

Kamarudin et al., (2013) propuseram um sistema de casa inteligente que pode ser ativado por voz. É desenvolvida uma aplicação utilizando o Microsoft Visual Basic, que fornece uma GUI e é alojada num computador, e é utilizado o motor de reconhecimento de voz da Microsoft. O microcontrolador recebe o sinal através de radiofrequência e envia-o para todos os electrodomésticos que estão interligados. É necessário um novo computador, o que provoca um maior consumo de energia e aumenta o custo.

Por outro lado, Shiu Kumar (2014) desenvolveu um sistema que pode gerir e monitorizar remotamente o ambiente de uma casa inteligente, mas este sistema baseia-se na comunicação por fios entre o servidor Arduino Ethernet e os dispositivos finais. Mas com o emprego de comunicação por fios, o sistema enfrenta problemas quando não é planeado e instalado durante a construção física do edifício. Isto faz com que o sistema exija muito esforço e aumenta também o custo.

Todos os sistemas acima descritos deram um enorme contributo para os sistemas domésticos inteligentes. No entanto, a utilização de um PC como servidor aumenta os preços e o consumo de energia, enquanto outros sistemas necessitam de serviços de alojamento de páginas Web e de comunicação por fios entre o servidor Web Arduino e os dispositivos finais. No entanto, no sistema concebido, tentou-se ultrapassar todos os problemas acima descritos, excluindo o PC como servidor, o alojamento de páginas Web, a cablagem baseada em comunicações, etc. A técnica que utilizámos nesta tese baseia-se num serviço Web REST (Kamilaris, 2011) executado num servidor Arduino e controlado através de uma aplicação para smartphone concebida para Android. A razão para utilizar esta combinação deve-se à sua simplicidade, ao seu baixo custo e ao seu elevado desempenho. A API REST é um serviço Web muito leve que pode ser utilizado mesmo num servidor Arduino, diminuindo assim significativamente o custo.

CAPÍTULO 3
ESPECIFICAÇÃO E CONCEPÇÃO DO HARDWARE

Neste livro, foi desenvolvido um projeto de casa inteligente sem fios que é rentável, seguro e simples de utilizar. Este sistema permite que os utilizadores controlem os seus aparelhos domésticos remotamente a partir de qualquer lugar através da Internet. O sistema é composto por três partes principais:

- Nós com dispositivos ligados
- Controlador central e servidor
- Aplicação Android

Estas três partes estão interligadas entre si. Para demonstração, controlámos três tipos diferentes de dispositivos neste livro, que são:

- Um LED
- Um ventilador (ligado a um motor DC com escovas)
- Um motor passo a passo de pequenas dimensões

Estes dispositivos comunicam sem fios com o controlador central. Os módulos Xbee são utilizados para a comunicação sem fios que implementa o protocolo Zigbee (Digi, 2015). Cada nó tem o seu próprio módulo Xbee e há um módulo Xbee ligado ao controlador central que actua como coordenador para coordenar a comunicação entre todos os nós.

O controlador central é concebido utilizando o Arduino, que é uma plataforma de desenvolvimento de código aberto baseada em AVR (Arduino, 2015). Todos os dispositivos podem ser controlados sem fios utilizando este controlador central. Para a conetividade à Internet, é montada uma placa Ethernet no Arduino que o liga a um router. O router actua como gateway para a comunicação dentro da rede local, bem como a partir da Internet. É criado um servidor Ethernet na placa central do microcontrolador Arduino utilizando a API REST.

É desenvolvida uma aplicação Android que permite aos utilizadores controlar os seus dispositivos (electrodomésticos) à distância, a partir de qualquer ponto do globo. A aplicação baseada no Android liga-se ao mini-servidor que corre no Arduino através de comandos REST API. O servidor é protegido por palavra-passe para que apenas pessoas autorizadas possam ligar-se a ele. Isto aumenta a segurança do sistema.

A figura 3.1 mostra o diagrama de blocos do sistema desenvolvido. O diagrama de blocos está dividido em duas camadas: *Ambiente remoto* e *ambiente doméstico.*

O ambiente remoto é representado pela camada direita em que os utilizadores autorizados podem ligar-se ao sistema desenvolvido na sua aplicação Android Smart phone utilizando a Internet, qualquer rede 3G/4G ou ligação WiFi pode ser utilizada no dispositivo do utilizador.

A camada da esquerda mostra o ambiente doméstico, que consiste num router para fornecer a ligação à Internet ou à rede local, um pequeno servidor Web baseado no Arduino Ethernet, que é o principal componente desta camada. A principal tarefa deste pequeno servidor é executar as acções necessárias para controlar os dispositivos finais. Os outros componentes desta camada são os nós finais; cada um tem um módulo Xbee com o seu dispositivo ligado. Estes módulos comunicam com o micro servidor Web através do ar e fornecem conetividade sem fios aos dispositivos electrónicos finais.

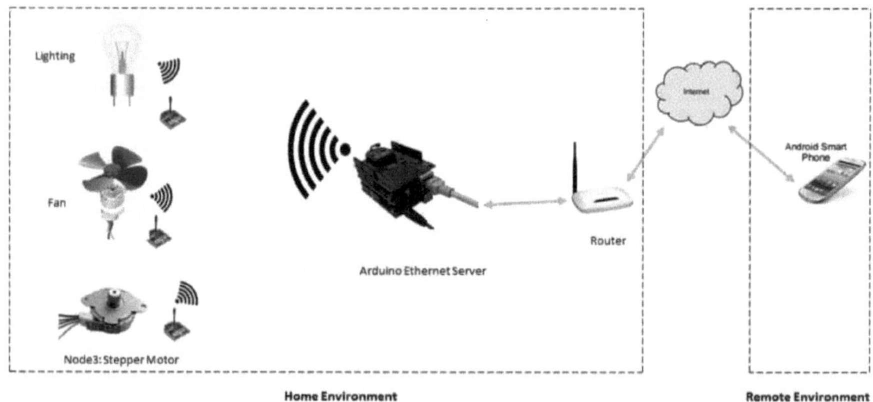

Figura 3.1 O diagrama de blocos do sistema desenvolvido

3.1 Nó 1: Luz

Como mostra a Figura 3.2, o nó 1 é composto por dois LEDs, o LED da esquerda é utilizado para saber se o nó está alimentado e o da direita é o LED a ser controlado remotamente. Devido à sensibilidade dos LEDs à corrente, são utilizadas duas resistências para limitar o fluxo de corrente nos mesmos. Duas pilhas AA são usadas para fornecer energia a este nó. É utilizada uma placa de ensaio sem solda para ligar os componentes deste nó.

Este nó permite as seguintes funções:

- Ligar o LED
- Desligar o LED

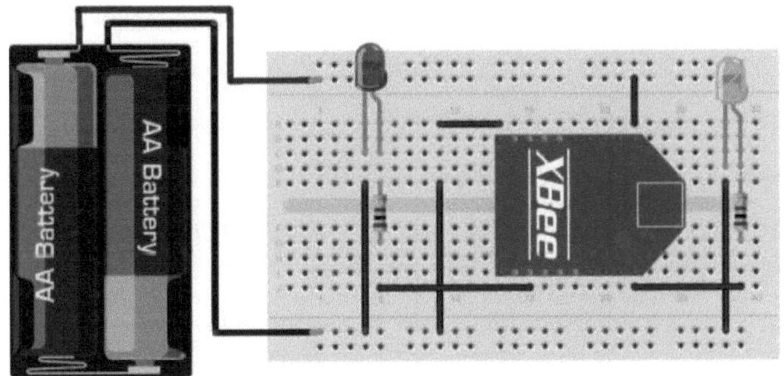

Figura 3.2 Esquema do circuito do Nó1

Os fios positivos do LED verde e do LED vermelho são ligados ao pino 20 (DIO0) e ao pino 13 (DIO9) do Xbee, respetivamente, com uma resistência entre eles, e os fios negativos dos LEDs são ligados à linha de terra. O pino 10 (GND) do Xbee é ligado à linha de terra e o pino 1 (VDD) é ligado à extremidade positiva da bateria.

O nó comunica com o controlador central sem fios. Depois de estudar várias tecnologias disponíveis para a comunicação sem fios, o Zigbee foi selecionado para este sistema porque é mais fiável, tem maior alcance e permite uma configuração fácil. Escolhemos os módulos Xbee da Digi International para implementar o Zigbee no nosso projeto.

3.1.1 Zigbee

O ZigBee é um protocolo de comunicação utilizado para comunicações de alto nível (ZigBee, 2015). É implementado utilizando pequenos rádios digitais de baixo custo e baixa potência. Baseia-se na norma IEEE 802.15.4. Como os rádios utilizados são rádios de baixa potência, o seu alcance é limitado, tipicamente 40 m em espaços interiores (embora existam alguns módulos Zigbee disponíveis atualmente com alcances até 10 km), mas o alcance pode ser alargado através da criação de redes em malha. As redes em malha são basicamente redes sem fios de área pessoal em que o sinal é enviado de uma extremidade a outra depois de passar por vários nós sensores, que actuam como impulsionadores/routers únicos.

O Zigbee suporta as topologias de rede em estrela e em árvore e também a topologia em malha em geral. No entanto, em cada rede tem de haver um módulo central que actua como coordenador. Nas redes em estrela, todos os módulos comunicam com um coordenador central, ao passo que nas redes em árvore, os módulos Zigbee que actuam como "encaminhadores" são utilizados para alargar a comunicação na rede. A segurança é também uma caraterística proeminente das redes Zigbee. Nas redes Zigbee, são utilizadas chaves de encriptação de 128 bits para a implementação de protocolos de segurança da rede.

3.1.2 Xbee

Xbee é uma marca utilizada pela Digi International para uma família de módulos de rede sem fios que fornecem conetividade de ponto final a dispositivos (Digi, 2015). A maioria destes módulos implementa o protocolo Zigbee para comunicação sem fios. Outra caraterística proeminente dos módulos Xbee é o facto de terem um microcontrolador programável pelo utilizador integrado com uma quantidade suficiente de memória para armazenar código. Isto torna-os uma escolha perfeita para aplicações de deteção e controlo sem fios.

Como se mostra na Figura 3.3, são utilizados módulos Xbee ZB (Série 2) no sistema desenvolvido. As principais caraterísticas/especificações destes módulos são as seguintes (Digi, 2015):

   - Interior/Urbano: até 40 m (133 pés)

- Linha de visão exterior: até 400 pés (120 m)
- Potência de transmissão: 2 mW (3dbm)
- Sensibilidade do recetor: -98dbm (1% PER)

- Taxa de dados RF: 250 Kbps

- Corrente de pico TX: 40 mA (a 3,3 V)

- Corrente RX: 40 mA (a 3,3 V)

- Corrente de desativação: < 1 pA

- Frequência de funcionamento: ISM 2.4GHz

- Topologias de rede suportadas: Ponto a ponto, ponto a multiponto e ponto a ponto

Figura 3.3 Módulo de rádio Xbee ZB (Série 2) com antena de fio

Estes módulos Xbee podem comunicar com um controlador anfitrião através de comunicação em série assíncrona. Os pinos RX e TX do Xbee podem ser ligados aos pinos TX e RX, respetivamente, de qualquer controlador anfitrião compatível com o nível lógico/nível de tensão. O controlo do fluxo em série pode ser efectuado por software ou por hardware. Os pinos CTS (Clear to Send) e RTS (Request to send) estão disponíveis nos módulos Xbee para controlo do fluxo por hardware. O diagrama de blocos da comunicação em série entre dois microcontroladores ligados ao Xbee está ilustrado na Figura 3.4.

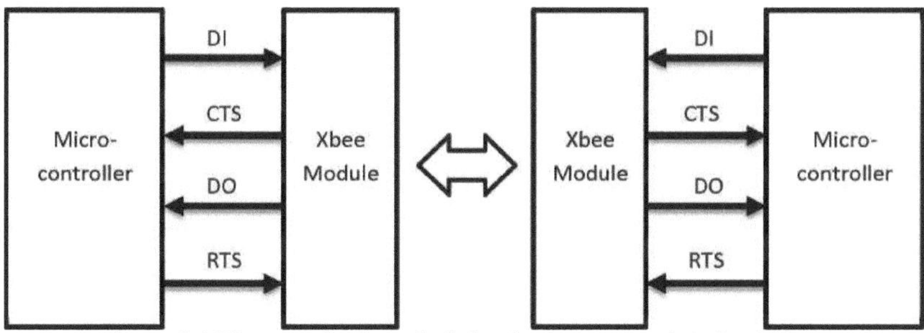

Figura 3.4 Diagrama do fluxo de dados do sistema com interface UART

Os módulos Xbee podem funcionar em dois modos diferentes, ou seja, o modo AT/modo transparente e o modo API. Por defeito, estes módulos funcionam no modo transparente. Neste modo, estes módulos actuam simplesmente como uma UART sem fios. Recebem os dados do anfitrião, armazenam-nos na sua memória intermédia e transmitem-nos sem fios. As funções avançadas, como a alteração dos parâmetros de outros módulos XBee na rede ou a alteração do endereço dos Xbees receptores, podem ser efectuadas através de comandos AT. Para o efeito, o módulo tem de passar primeiro para o modo de comando.

O modo API liberta todas as capacidades dos módulos XBee. No modo API, os dados são transmitidos através de fotogramas. Cada frame é composto por pacotes específicos com valores específicos. O modo API permite ao utilizador alterar o endereço de destino de cada pacote transmitido sem entrar no modo de comando. Por conseguinte, o modo API é, em geral, um modo de comunicação mais rápido. Para utilizar o modo API, é necessário atualizar primeiro o firmware do respetivo Xbee utilizando o software XCTU. A figura 3.5 mostra a janela principal deste software.

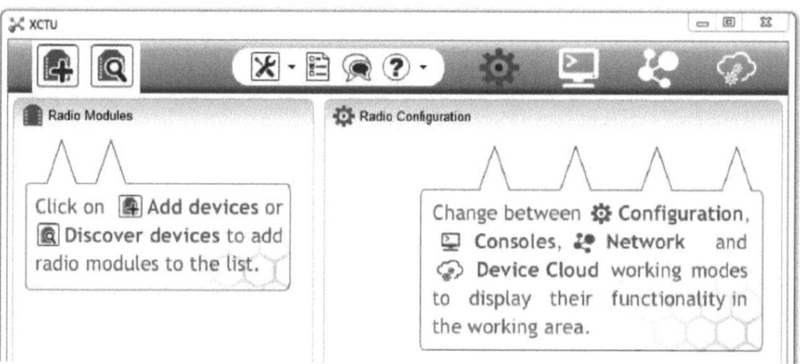

Figura 3.5 Software XCTU da Digi International

3.1.3 Xbee USB explorer dongle

Para programar os Xbees ou alterar o seu firmware/configuração, é necessário ligá-los ao computador portátil. Esta interface de ligação é diferente de uma interface de ligação UART normal porque o Xbee é ligado em modo de programação (puxando para baixo o seu pino CONFIG). Para o efeito, é utilizado um dongle USB, também designado por placa Xbee Explorer. Esta placa tem as seguintes caraterísticas

- Pode utilizar o Xbee como um simples dispositivo UART

- Pode ligar o Xbee no seu modo de programação

- Possui luzes indicadoras de transmissão, receção e intensidade do sinal

- Pode ser utilizado para alterar a configuração e o firmware do XBee

- Dispõe de conversores internos de nível lógico para alterar os níveis do sinal de transmissão do Xbee de 3,3 V para 5 V e vice-versa

- Possui um regulador de tensão incorporado para alimentar o módulo Xbee através da linha de alimentação USB

- Pode ser utilizado para reiniciar facilmente o módulo Xbee durante a programação/atualização do firmware

Existem diferentes versões de Xbee Explorers disponíveis, cada uma com quase a mesma funcionalidade, apenas com ligeiras alterações no design. A Figura 3.6 mostra o dongle Xbee Explorer que foi utilizado no sistema desenvolvido:

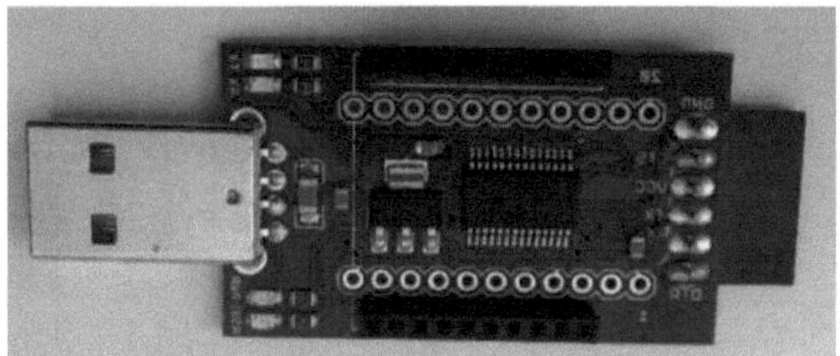

Figura 3.6 Explorador do dongle USB

3.2 NÓ 2: Ventilador

O nó 2 tem uma ventoinha ligada a ele. Este ventilador está a funcionar com um motor de corrente contínua. O nó 2 oferece as seguintes funções:

- Ligar o ventilador
- Desligar a ventoinha

- Mudar a direção da ventoinha

É utilizado um motor DC escovado para rodar a ventoinha. Este motor é controlado por um IC Motor Driver de estado sólido. De seguida, apresentam-se os principais componentes utilizados no Nó 2, ilustrados na Figura 3.7:

- Xbee ZB (série 2)
- Condutor de motor escovado
- IC de acionamento do motor L9110
- Regulador de tensão de comutação

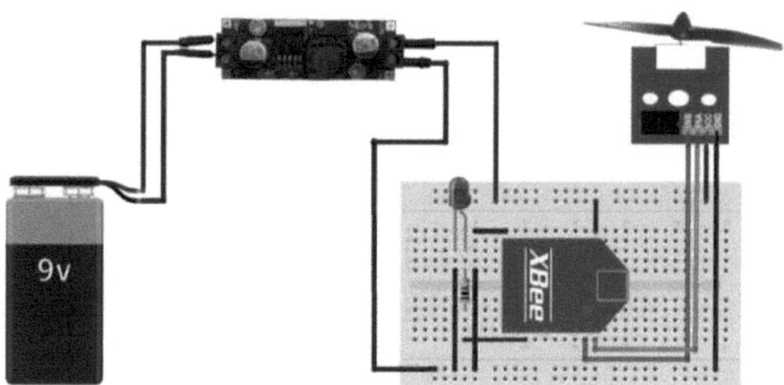

Figura 3.7: Esquema do circuito do Nó2

3.2.1 Regulador de tensão de comutação

Outro componente importante que faz parte deste nó é o regulador de tensão. Só é utilizado neste nó porque todos os outros nós já têm uma fonte de tensão de 3 V (2x pilhas AA). No entanto, este nó foi alimentado por uma bateria de 9 V porque está a utilizar um motor DC, que requer mais energia. O regulador de tensão é utilizado para reduzir as tensões de 9V para 3,3V. A Figura 3.8 mostra o regulador de comutação utilizado no sistema desenvolvido.

Figura 3.8: Regulador de tensão

3.3 Nó 3: Motor de passo

O nó 3 é diferente dos outros dois nós porque tem uma placa Arduino presente. Este nó controla um motor de passo. O Arduino é utilizado neste nó porque o microcontrolador de bordo do Xbee não é suficiente para acionar o motor de passo. Por isso, utilizámos um controlador suplementar que recebe os dados do Xbee ligados à sua UART e, em seguida, controla o motor passo a passo em conformidade. Estamos a utilizar um motor de passo unipolar e este requer quatro sinais diferentes para os seus quatro enrolamentos, numa ordem específica e com um intervalo específico, para mover o motor sistematicamente em qualquer direção. Testámo-lo com um Arduino e funcionou perfeitamente. No entanto, quando o ligámos a um Xbee remoto e tentámos controlá-lo sem fios com outro Xbee, não funcionou. A razão para isso é o atraso na comunicação entre os Xbees. O motor passo a passo requer uma comutação rápida da corrente de uma bobina para outra, mas com Xbees isso não é possível porque há um atraso herdado na comunicação Xbee (mesmo se desactivarmos o ACK do Xbee remoto). Por conseguinte, temos de utilizar um microcontrolador com o Xbee remoto, que recebe o comando sem fios através do Xbee remoto e, em seguida, move o motor passo a passo de acordo com o mesmo. Seguem-se os principais componentes utilizados neste nó:

- Xbee ZB (Série 2)
- Escudo Arduino Xbee
- Arduino UNO (revisão 3)
- Motor de passo M35SP
- Driver de motor de passo baseado em ULN2003

Este nó é composto por um microcontrolador Arduino para controlar o motor passo a passo que recebe os dados do Xbee montado nele e processa os dados recebidos para executar o comando, o módulo Xbee neste nó é montado numa proteção Xbee de modo a ser impedido de alta tensão e depois empilhado no microcontrolador Arduino, que efectua a comunicação sem fios entre este nó e o micro-servidor Web. É utilizada uma bateria de 9V para fornecer energia ao nó. Um pequeno motor de passo unipolar é utilizado para ser controlado remotamente. Como o microcontrolador Arduino não pode fornecer corrente suficiente diretamente ao motor de passo, é utilizado um controlador de passo ULN2003 para acionar o motor, que amplifica o sinal de corrente e tensão do Arduino e o fornece ao motor de passo.

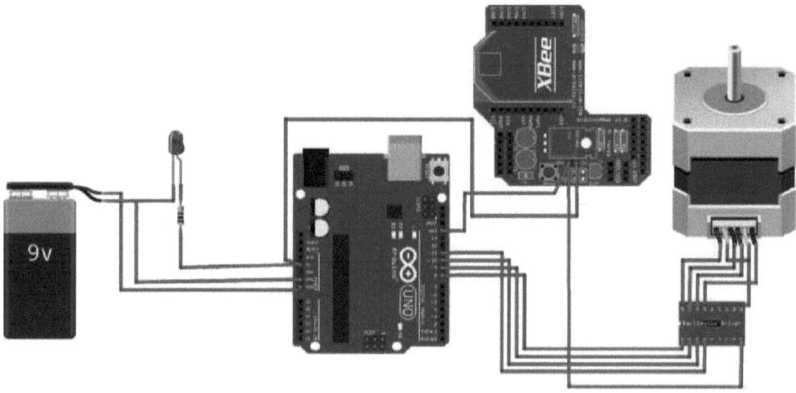

Figura 3.9: Esquema do circuito do Nó3

3.3.1 Arduino

O Arduino é uma plataforma eletrónica de código aberto baseada em microcontroladores AVR (Arduino, 2015). O seu objetivo é fornecer hardware e software de fácil utilização aos entusiastas da eletrónica, para que não só os profissionais, mas também os principiantes, possam realizar projectos electrónicos criativos a partir da sua imaginação. A comunidade Arduino desenvolveu várias placas conhecidas como Arduino Boards. Cada placa tem o seu próprio conjunto de caraterísticas, capacidade de processamento e capacidades de entrada/saída. Estas placas são ainda suportadas por várias outras placas orientadas para aplicações, conhecidas como Arduino Shields. Existem shields de motor, shields de áudio, shields Xbee, shields de servo e até shields Ethernet para ligar o Arduino à Internet. Segue-se uma lista das placas Arduino mais populares:

- Arduino Uno
- Arduino Yun

- Arduino Due
- Arduino Leonardo
- Arduino Mega
- Arduino Mini
- Arduino Nano
- LilyPad Arduino

O Arduino tem o seu próprio IDE (Ambiente de Desenvolvimento Integrado), conhecido como Arduino. Este permite que os programadores escrevam facilmente códigos, os carreguem diretamente para as placas Arduino e os testem. Também é rico em diferentes exemplos para controlar as placas Arduino e os dispositivos/sensores que podem ser ligados a essas placas. A Figura 3.10 mostra uma captura de ecrã do IDE Arduino.

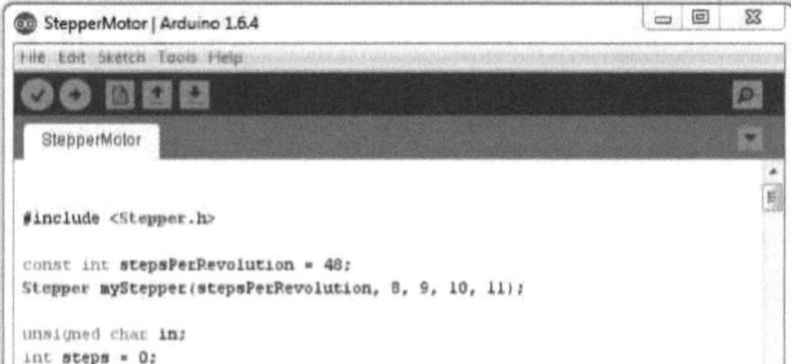

Figura 3.10: Captura de ecrã do IDE Arduino

3. 3.1.1 Arduino UNO

O Arduino UNO, como mostra a Figura 3.11, é uma das placas Arduino mais utilizadas. É básica e tem quase todos os elementos básicos presentes. Todas as shields Arduino disponíveis podem ser utilizadas com ela. É baseada no microcontrolador AVR, o Atmega328 da Atmel. Pode ser ligado ao computador portátil através de um cabo USB e pode ser alimentado e programado a partir da porta USB. Seguem-se as suas principais caraterísticas (Arduino, 2015):

- 14 pinos de entrada/saída digitais
- 6 canais PWM

- 6 entradas analógicas

- Memória flash: 32KB

- SRAM: 2KB

- EEPROM: 1KB

- Velocidade do relógio: 16MHz

- Comunicação: SPI, TWI,

  I2C, UART (hardware e software)

Figura 3.11: Placa Arduino UNO (Revisão 3)

3. 3.2.1 Motor passo a passo M35SP-7NP

Utilizámos o motor passo a passo M35SP-7NP. Trata-se de um pequeno motor passo a passo unipolar com um ângulo de passo de 7,5 graus. Seguem-se as suas principais especificações (folha de dados do M35SP-7NP). A Figura 3.12 mostra o motor passo a passo que utilizámos neste livro.

- Diâmetro exterior: 35 mm

- Binário de retenção: 29,4 mN-m

- Tensão de funcionamento: 6 V

- N.º de fases: 4 fases

- Método de excitação: excitação de 2-2 fases (excitação unipolar)

Figura 3.12: Motor passo a passo unipolar M35SP-7NP

3.4 Nó central : Micro-servidor Web doméstico

O nó central é inteiramente baseado no Arduino. É o coração deste sistema. Coordena todos os nós e serve de meio de comunicação entre os nós e a aplicação androide. É constituído pelas seguintes partes:

- Xbee ZB (Série 2)
- Arduino UNO
- Escudo Arduino Xbee
- Escudo Ethernet Arduino

O esquema do circuito deste nó é apresentado na Figura 3.13.

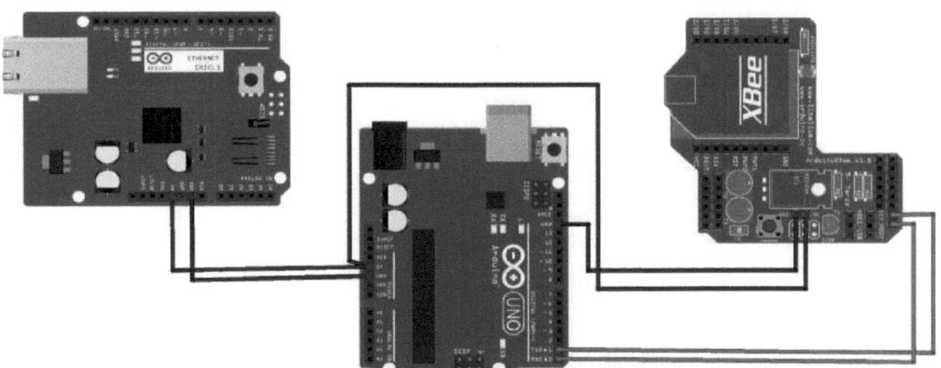

Figura 3.13: Nó central: Servidor Ethernet Arduino

O Xbee montado neste Arduino central tem uma configuração diferente em comparação com os outros módulos Xbee presentes nos nós. Este Xbee está configurado como um coordenador; pode comunicar com todos os nós e pode alterar os seus periféricos através de frames API. Todos os outros nós só podem comunicar com o coordenador; não podem comunicar entre si. O Arduino liga-se à Internet através do shield Ethernet montado no mesmo. Há um servidor de Internet ligeiro a funcionar no Arduino, que recebe os pedidos da Internet e depois os processa e actua de acordo com as instruções dadas. Os pormenores sobre este servidor são apresentados no capítulo seguinte.

3.4.1 Escudo Ethernet Arduino

O shield Ethernet do Arduino (ver Figura 3.14) é utilizado para ligar o Arduino a qualquer rede em geral, através de uma ligação LAN (cabo RJ45), e à Internet em particular. Esta placa Arduino é uma placa de código aberto, tal como o Arduino, e é fornecida com dezenas de exemplos para ligar a placa a diferentes dispositivos. No centro deste shield está o chip Ethernet Wiznet W5100. O W5100 inclui uma pilha TCP/IP totalmente com fios e um MAC e PHY Ethernet integrados. A pilha TCP/IP com fios suporta TCP, UDP, IPv4, ICMP, ARP, IGMP e PPPoE. O buffer interno de 16Kbytes está incluído para a transmissão de dados. Com o W5100, não é necessário ter em conta o manuseamento do controlador Ethernet, mas é necessária uma simples programação de socket. São suportadas três interfaces diferentes, como a forma de acesso à memória, denominada direta, o barramento indireto e o SPI, do lado do MCU (Arduino, 2015).

Figura 3.14: Escudo Ethernet do Arduino

CAPÍTULO 4
DESENVOLVIMENTO DE SOFTWARE

4.1 Visão geral

Este capítulo está dividido nas seguintes partes:

- Rede Xbee
- Software dos nós
- Software do controlador principal
- Aplicação para Android

4.2 Rede Xbee

Do ponto de vista da ligação em rede, há duas secções deste desenvolvimento; uma é a ligação em rede que é feita entre todos os dispositivos e o controlador central e a outra é a ligação em rede que liga o controlador à rede e à Internet. Para o primeiro tipo, é utilizada a rede Xbee. Os Xbees podem ser configurados de várias maneiras e com diferentes topologias de rede, ou seja, comunicação ponto-a-ponto, comunicação ponto-a-multiponto, para redes em estrela ou para redes em árvore, etc. Todas as configurações podem ser efectuadas utilizando o software XCTU. Os Xbees podem ser divididos em três tipos principais no que respeita ao seu comportamento/função numa rede:

- Dispositivo final
- Router
- Coordenador

Os dispositivos finais são principalmente utilizados com sensores/actuadores na rede. Estes são os melhores para reduzir o consumo de energia, uma vez que dormem quando estão livres, poupando assim energia. Os dispositivos finais só podem comunicar com o coordenador ou o router, não podem comunicar com outros nós e também não podem retransmitir dados entre nós diferentes.

Os routers encaminham os dados na rede. Estes podem comunicar com o coordenador, com os dispositivos finais e também com outros encaminhadores. Actuam como nós intermédios na rede. Também podem ser utilizados como dispositivos finais na rede. No entanto, os encaminhadores não podem dormir como dispositivos finais, porque têm de armazenar pacotes para os dispositivos finais.

Os coordenadores podem ser designados como os nós mais poderosos de uma rede Zigbee. Estes são os mais capazes de todos os três tipos. Ao contrário dos dispositivos finais e dos routers, só pode haver um coordenador numa rede Zigbee em estrela. Este é o ponto de origem da rede, armazena todas as informações sobre a rede, as chaves de segurança, etc., pelo que não pode estar inativo e, por esse motivo, na maioria das vezes não é alimentado por bateria. Os routers podem desempenhar o papel de nós finais, como se pode ver à esquerda do diagrama, ou atuar como nós intermédios para retransmitir dados entre os nós, como aparece à direita do diagrama. Os nós finais são os nós aos quais os sensores ou os dispositivos estão ligados, podendo comunicar com os encaminhadores, como se vê na parte superior do diagrama, ou diretamente com o coordenador, como se vê na parte inferior do diagrama.

Cada nó de uma rede Zigbee tem os seguintes parâmetros de configuração importantes:

- ID DO PAN (ID)
- Canal (CH)
- Endereço de origem de 16 bits (MY)
- Endereço de destino de 64 bits (DH e DL)

O ID PAN ou ID de rede de área pessoal é um ID único de 2 bytes atribuído a uma determinada rede para a distinguir de outras redes na mesma área. Pode ser qualquer número de 0x0000 a 0xFFFF em hexadecimal ou de 0 a 65536 em decimal. Cada Xbee na mesma rede tem de ter o mesmo ID PAN, caso contrário não conseguirá comunicar com outros dispositivos presentes na rede.

O nível seguinte numa rede Xbee é o canal de comunicação. Quase todos os Xbees funcionam na banda de 2,4 GHz 802.15.4; é o canal que divide ainda mais a banda de comunicação. Tal como a ID PAN, todos os Xbees de uma rede devem ter o mesmo canal de funcionamento.

Seguem-se o endereço de origem e o endereço de destino. Cada Xbee deve ter um endereço de origem correto e um endereço de destino válido; caso contrário, não poderá comunicar com outros Xbees na rede. O endereço de origem representa o endereço do próprio Xbee que está a comunicar, enquanto o endereço de destino de 64 bits é o endereço do Xbee que está a ser comunicado. Por exemplo, se o Xbee 1 tiver um endereço MY de 0x1111 e o Xbee 2 tiver o mesmo endereço de destino de 0x1111, o Xbee 2 pode enviar dados para o Xbee 1. Mas se o Xbee 2 tiver um endereço MY de 0x1234 e o Xbee 1 tiver um endereço de destino de 0x4312, o Xbee 1 não pode enviar dados para o Xbee 2. Neste caso, só está activada a comunicação unidirecional entre os dois Xbees (só o Xbee 2 pode enviar dados para o Xbee 1).

No total, são utilizados três nós e um coordenador no sistema desenvolvido. Os três nós são configurados como routers em vez de dispositivos finais, porque não queremos que os nós durmam.

Segue-se a configuração da nossa rede Xbee e o backend dos módulos Xbee físicos apresentados à direita:

Família de produtos: XB24-ZB PAN ID: 3324 Canal: 19

Nó central: Micro Web-Server SH: 13A200 SL: 40DC9179 Versão do Firmware: 21A7

Figura 4.1: Backend Xbee do coordenador

Nodel: A luz
    SH: 13A200
    SL: 40E43C0C
    Versão do firmware: 23A7

Figura 4.2: Backend Xbee do Light Node

Nó2: A ventoinha
    SH: 13A2 00
    SL: 40E43C04
    Versão do firmware: 23A7

Figura 4.3: Backend Xbee do Fan Node

Nó3: Motor de passo
    SH: 13A200
    SL: 40E43BD0
    Versão do firmware: 23A7

Figura 4.4: Nó do motor de passo Xbee backend

A Figura 4.5 representa o desenho da rede Xbee no sistema desenvolvido.

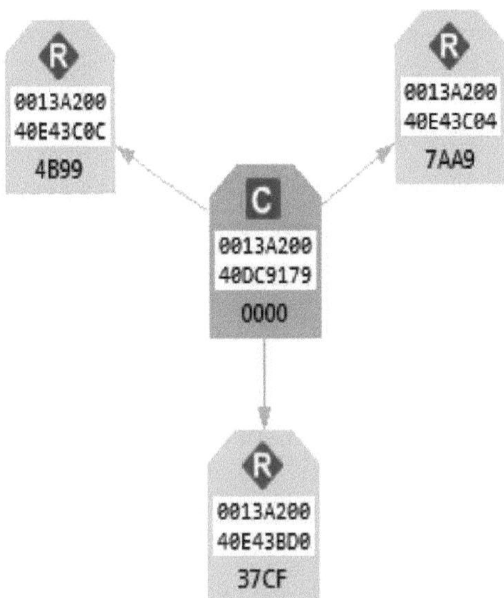

Figura 4.5: Arquitetura da rede Xbees

4.3 Software dos nós

Os três nós estão programados para comunicar com o coordenador. Dois dos três nós são inteiramente baseados em Xbee, enquanto o terceiro nó também tem uma placa Arduino para controlar o motor de passo.

Os nós LED e Ventilador são controlados por um Xbee cada; configurado como um router. O coordenador envia um quadro API com o endereço de destino do respetivo nó e um comando AT remoto para alterar o estado de qualquer pino do Xbee. Como resultado, o LED no nó LED e a ventoinha no nó Fan ligam-se e desligam-se em conformidade. Depois de processar o comando dado, o nó respetivo envia de volta um quadro API de confirmação (o quadro de resposta ao comando AT) para o coordenador.

O quadro 4.1 mostra a estrutura de um quadro típico para o comando AT remoto:

Tabela 4.1: Formato da estrutura do comando AT remoto (Digi, 2015)

Frame Fields		Offset	Example	Description
Start Delimiter		0	0x7E	Fixed
Length		MSB 1	0x00	Number of bytes between the
		LSB 2	0x10	length and the checksum
Frame Specific Data	Frame Type	3	0x17	
	Frame ID	4	0x01	If set to 0, no ACK is sent
	64-bit Destination Address	MSB 5	0x00	Set to the 64-bit address of the destination device. The following addresses are also supported: 0x0000000000000000 - Reserved 64-bit address for the coordinator 0x000000000000FFFF – Broadcast address
		6	0x13	
		7	0xA3	
		8	0x21	
		9	0xD4	
		10	0x59	
		11	0x03	
		LSB 12	0x11	
	16-bit Destination Network Address	MSB 13	0xFF	Set to the 16-bit address of the destination device, if known. Set to 0xFFFE if the address is unknown, or if sending a broadcast.
		LSB 14	0xFE	
	Remote Command Options	15	0x02 (apply changes)	Bitfield of supported transmission options. Supported values include the following: 0x01 - Disable retries and route repair 0x02 - Apply changes. 0x20 - Enable APS encryption (if EE=1) 0x40 - Use the extended transmission timeout
	AT Command	16	0x42 (B)	Name of the command
		17	0x48 (H)	
	Command Parameter	18	0x01	If present, indicates the requested parameter value to set the given register. If no characters present, the register is queried.
Checksum		19	0xF5	0xFF - the 8-bit sum of bytes from offset 3 to this byte.

As seguintes funções proeminentes podem ser alcançadas utilizando comandos AT remotos:

- Definir um pino como saída ou entrada
- Tornar um pino ALTO ou BAIXO
- Definir a resolução ADC de qualquer pino
- Alterar a frequência PWM e o ciclo de trabalho em qualquer pino ativado por PWM

Utilizámos todas as funções para ligar/desligar os dispositivos e alterar a velocidade do motor ligado.

O nó do motor de passo tem um software um pouco complexo em comparação com os outros nós, porque é utilizada uma placa Arduino com ele. A Figura 4.6 é o diagrama de fluxo que mostra como o Arduino central está a comunicar com este nó:

Figura 4.6: Comunicação entre o Arduino central e o nó de passo

O Arduino central não envia quadros de comando AT remoto para este nó, em vez disso, envia os quadros de pedido de receção remota. Como não estamos a controlar o Xbee diretamente agora, passamos a informação para o Arduino nesse nó e, em seguida, esse Arduino controlará o próprio motor passo a passo. Assim, o Xbee está apenas a atuar como uma UART sem fios neste caso.

4.4 Software do controlador principal

O controlador principal ou o controlador central é responsável pela comunicação entre os nós e a aplicação android. Recebe informações da aplicação Android, valida-as e, em seguida, transmite-as aos respectivos nós. É baseado em Arduino com uma Ethernet e um escudo Xbee montado nele. A comunicação com a Internet é gerida por um servidor HTTP em execução. Existe uma interface API RESTful que coordena com o servidor HTTP para receber os pedidos e responder aos mesmos em conformidade. A API permite o controlo de funções e variáveis com a ajuda de simples pedidos HTTP. O diagrama da figura 4.7 explica como está organizado o software do controlador principal e como este recebe comandos da Internet e os envia aos nós.

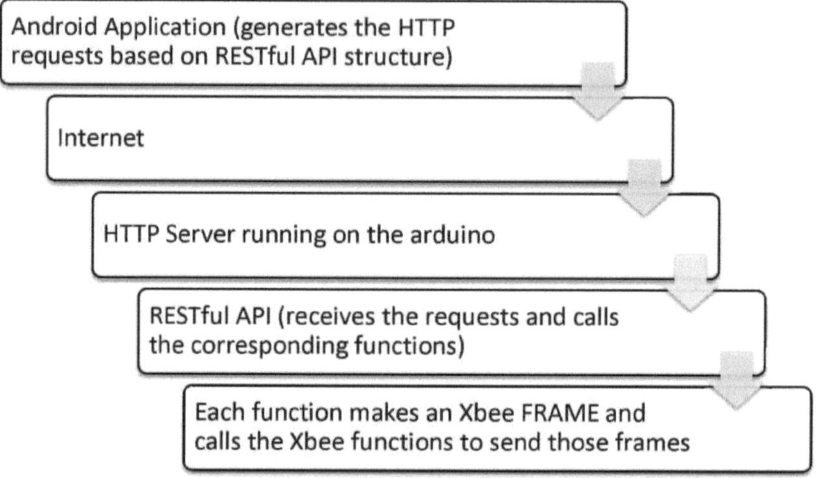

Figura 4.7: Diagrama do fluxo de informação do controlador central

O programa verifica continuamente a existência de clientes que se ligam ao servidor HTTP. Assim que um cliente se liga, o comando é transmitido à API RESTful. A API extrai então o comando recebido e passa-o para outra função chamada IOT. O objetivo desta função é interpretar o comando recebido, verificando se o comando é válido ou não; se for válido, passa-o para a função correspondente para processar esse comando. Por exemplo, se o comando recebido for "21", a função IOT interpreta-o como um comando para ligar a ventoinha no nó Fan. Como é que interpretou esta informação? Verifica o primeiro dígito do comando recebido, que lhe diz qual o dispositivo a controlar: 2 significa ventoinha, 1 significa luz, 3 significa motor de passo, etc. O segundo dígito diz-lhe o que fazer com esse dispositivo, 1 significa ligá-lo, 2 significa desligá-lo, etc. Depois de a informação ser devidamente interpretada e passada para a respectiva função, esta começa por verificar se o utilizador está ou não autenticado; caso contrário, devolve simplesmente um valor 0 à API, que o envia de volta para a aplicação Android. Se o utilizador estiver autenticado e com sessão iniciada, a API cria a respectiva moldura Xbee e envia-a através da sua porta série e do Xbee coordenador. Se não for recebida qualquer resposta num intervalo de tempo definido, envia novamente um 0 para a aplicação Android, indicando que existe um erro na execução do comando. Se for recebida com êxito uma resposta do nó, essa função devolve um 1 à aplicação Android, indicando uma execução bem sucedida do comando em causa. Para tornar este sistema seguro, a aplicação foi desenvolvida de forma a que só uma pessoa que tenha a palavra-passe possa aceder às funções do controlador principal em qualquer altura.

4.5 Aplicação Android

A aplicação Android é desenvolvida para controlar os dispositivos a partir de qualquer lugar através da Internet. O Android Studio é utilizado como IDE para o desenvolvimento da aplicação Android. Java é utilizada como linguagem de programação para esta aplicação. Qualquer projeto Android contém os seguintes ficheiros básicos

- **AndroidManifest.xml:** Este ficheiro contém informações básicas sobre a aplicação, como as permissões para utilizar diferentes protocolos do dispositivo, a versão mínima do sistema operativo Android, a versão compilada, os nomes das actividades, etc.
- **MainLayout.xml:** Este arquivo contém as informações de layout da aplicação. Para cada atividade da aplicação, há um arquivo layout.xml correspondente. Os detalhes relacionados com a colocação de diferentes componentes (como caixas de texto, botões, etiquetas, cursores, etc.) estão todos incluídos no ficheiro de layout.
- **Classe de atividade:** Esta é a parte em que o Java é utilizado. Todas as aplicações têm, pelo menos, uma classe de atividade que inclui os métodos e outras classes. Um método importante é o método OnCreate, que define o comportamento da aplicação quando esta é iniciada.

A figura 4.8 mostra a estrutura da aplicação Android desenvolvida. O nível superior mostra o pacote da aplicação, que contém todos os componentes da aplicação, o nível inferior (segundo nível) contém o manifesto Android, as cadeias de caracteres, Java e layouts. O terceiro nível representa os ficheiros xml que contêm os pormenores relacionados com os elementos utilizados na interface gráfica do utilizador da aplicação. O quarto e último nível do diagrama mostra as classes de atividade correspondentes a cada um dos ficheiros xml, onde as classes e os métodos Java são utilizados para tornar os componentes funcionais.

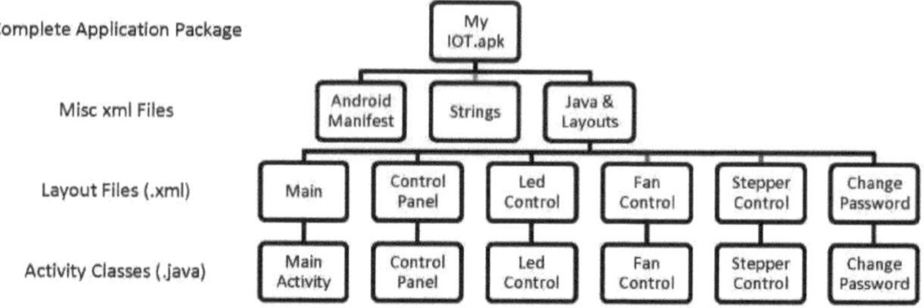

Figura 4.8: A estrutura da aplicação Android

Há um total de seis ecrãs na nossa aplicação. A aplicação começa com a atividade principal, que apresenta um ecrã de início de sessão. O utilizador introduz o endereço IP e a palavra-passe do servidor e a aplicação começa por verificar a ligação à Internet; se não houver ligação à Internet, é apresentada uma mensagem de erro. Se o utilizador estiver ligado à Internet, a aplicação valida a palavra-passe com o servidor. Após a validação bem sucedida, é apresentado o ecrã do painel de controlo. Este ecrã oferece cinco opções ao utilizador:

- Controlar a luz
- Controlar a ventoinha
- Controlar o motor passo a passo
- Alterar a palavra-passe
- Terminar sessão

Cada opção mostra ao utilizador a atividade correspondente.

A Figura 4.9 expande cada janela da aplicação para os seus componentes; mostra as opções disponíveis que o utilizador pode utilizar para controlar o sistema.

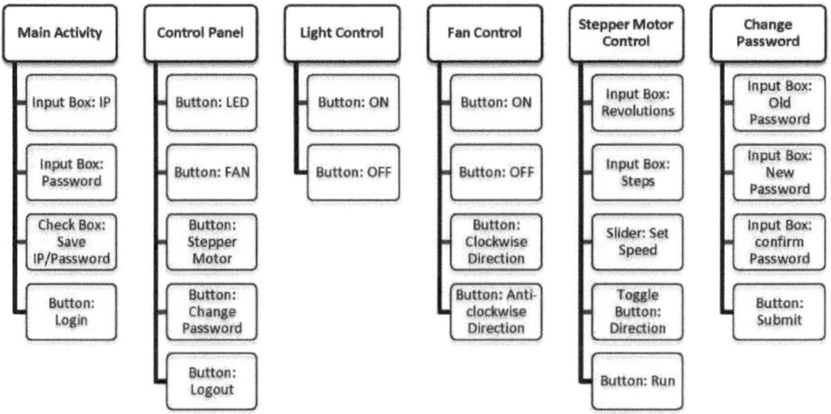

Figura 4.9: Opções de actividades

CAPÍTULO 5
A CONCEPÇÃO

O sistema de casa inteligente sem fios baseado na Internet das coisas proposto nesta tese foi totalmente desenvolvido e testado com êxito. Qualquer smartphone com o sistema operativo Android e com uma ligação à Internet WiFi ou 3g/4g pode utilizar esta aplicação para controlar o sistema. As capturas de ecrã da aplicação Android e as imagens dos circuitos dos nós reais são apresentadas nas secções seguintes.

5.1 Aplicação doméstica inteligente sem fios Android

Esta aplicação foi desenvolvida em linguagem de programação Java utilizando o Android Studio, algumas partes do código são apresentadas no Apêndice 1. Como ilustrado na Figura 5.1, o utilizador tem de introduzir o IP real do servidor e a palavra-passe na janela de início de sessão, primeiro verifica a ligação ao micro-servidor Web e depois valida a palavra-passe. Se a ligação for bem sucedida, é apresentado o painel de controlo, onde o utilizador pode controlar os dispositivos. No painel de controlo, se o utilizador quiser alterar a palavra-passe, tem de introduzir a palavra-passe antiga e a nova palavra-passe. Quaisquer outras acções realizadas pelo utilizador serão enviadas para o micro-servidor Web para realizar a ação e, em seguida, este responde ao utilizador de acordo com a ação realizada e, quando o utilizador executa a ação de terminar a sessão na aplicação, esta vai para a janela de início de sessão. Nas secções seguintes são apresentados mais pormenores.

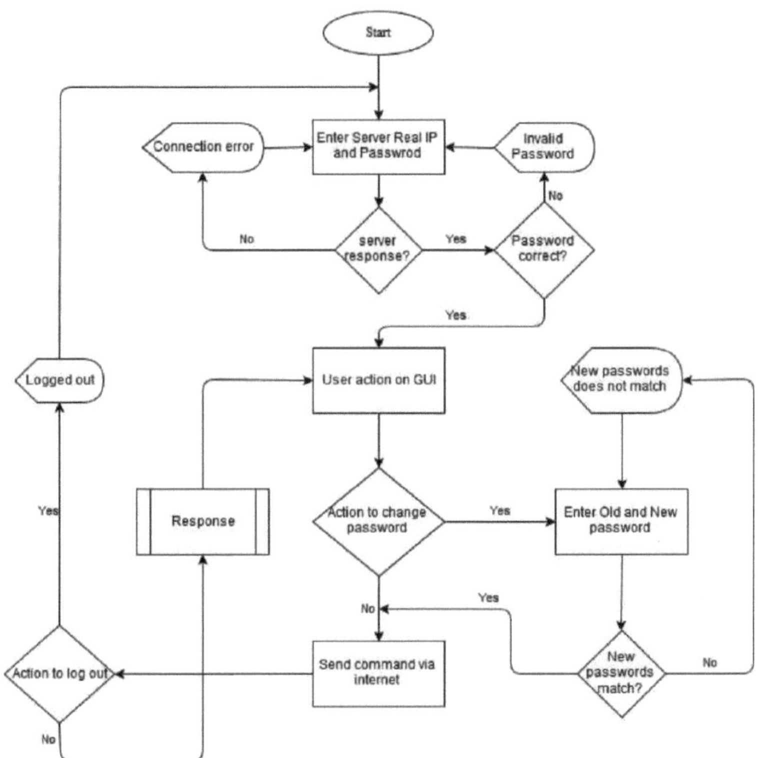

Figura 5.1: O fluxograma da aplicação Android

A aplicação começa com a atividade principal, que apresenta um ecrã de início de sessão, como se mostra na Figura 5.2.a. O utilizador tem de introduzir o endereço IP e a palavra-passe do servidor e, em seguida, a aplicação verifica primeiro a ligação à rede ou à Internet; se não houver ligação, é apresentada uma mensagem que indica que não há ligação à rede, como se mostra na Figura 5.2.b. Se o utilizador estiver ligado à rede ou à Internet, a aplicação valida o IP e a palavra-passe introduzidos no servidor. No caso de ter sido introduzido um IP ou uma palavra-passe inválidos, a aplicação apresenta uma mensagem a indicar o erro, conforme ilustrado na Figura 5.2.c,d.

Se a validação for bem sucedida, será apresentado o ecrã do painel de controlo, tal como ilustrado na Figura 5.2.e. Existe uma caixa de verificação na janela principal: se o utilizador a selecionar, o IP e a palavra-passe serão guardados para utilização posterior.

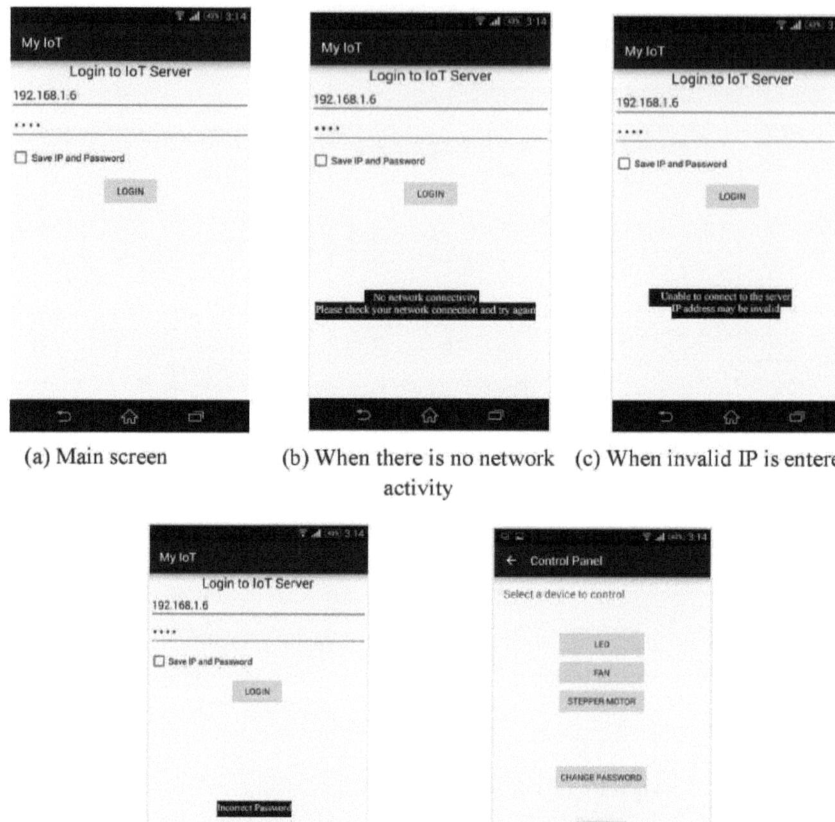

(a) Main screen   (b) When there is no network   (c) When invalid IP is entered
activity

(d) When invalid password is   (e) When successfully loged in
entered network activity

Figura 5.2: Capturas de ecrã da janela de início de sessão com respostas a comandos

Depois de o utilizador ter introduzido o IP e a palavra-passe corretos e ter iniciado a sessão na aplicação com êxito, a janela do painel de controlo é apresentada no ecrã, sendo constituída por cinco botões de comando, como se mostra na Figura 5.3. Os primeiros três botões de comando permitem ao utilizador navegar para as janelas do dispositivo final, o quarto permite ao utilizador alterar a palavra-passe e o último é utilizado para terminar a sessão na aplicação. E o botão de retrocesso, localizado no canto superior esquerdo do ecrã, permite ao utilizador navegar para uma janela vista anteriormente.

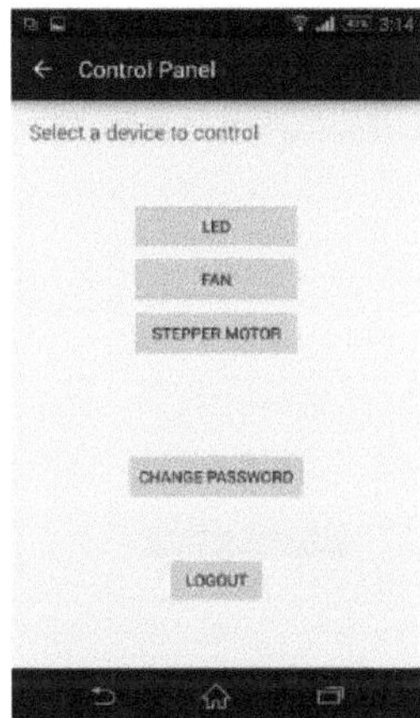

Figura 5.3 Janela do painel de controlo

Ao clicar no primeiro botão, é apresentada a janela LED, como mostra a figura

5.4. a. A partir desta janela, o utilizador pode ligar/desligar a luz que, neste projeto de prototipagem, é representada por um LED. Se este nó não for alimentado, é apresentada uma mensagem que indica que existe um erro na execução do comando, como mostra a Figura

5.4. b, mas se ocorrerem alguns erros inesperados (por exemplo, o nó LED ou o Arduino do lado do servidor for reiniciado), é apresentada a mensagem "ERROR" (erro), que indica que ocorreu um erro inesperado (e o utilizador tem de reiniciar a aplicação e voltar a iniciar sessão na aplicação para eliminar esse erro), como se mostra na Figura 5.4.c. Com base na ação executada pelo utilizador, é apresentado o estado do LED, quer esteja ligado ou desligado, como se mostra na Figura 5.4.d,e.

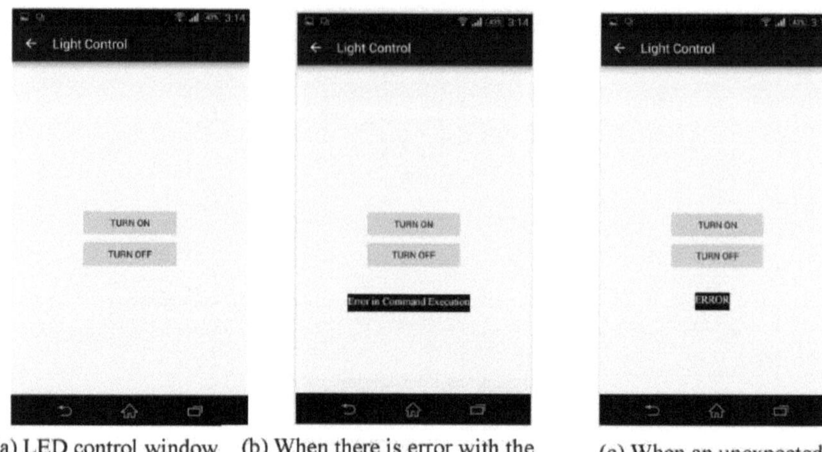

(a) LED control window   (b) When there is error with the command execution   (c) When an unexpected error accured

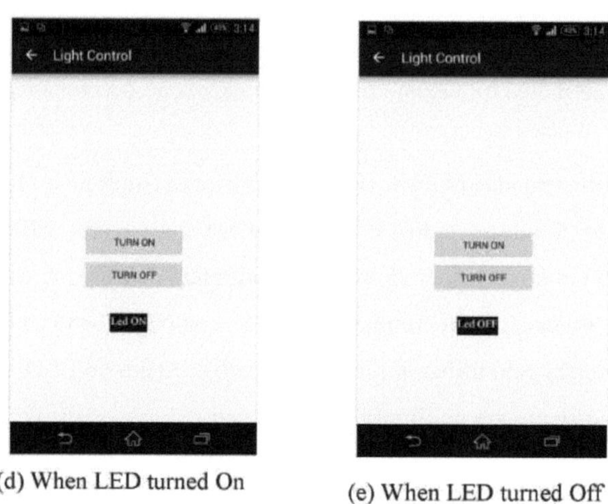

(d) When LED turned On   (e) When LED turned Off

Figura 5.4 Capturas de ecrã da janela LED com respostas a comandos

O segundo botão de comando conduz o utilizador à janela de controlo do ventilador, como mostra a Figura 5.5. a, a partir desta janela o utilizador pode ligar/desligar o ventilador e mudar a direção do ventilador, e será apresentada uma mensagem correspondente às acções realizadas pelo utilizador para indicar o estado de ligado e desligado do ventilador, como mostra a Figura 5.5.b,c. E a Figura 5.5.d mostra a resposta do comando para mudar a direção.

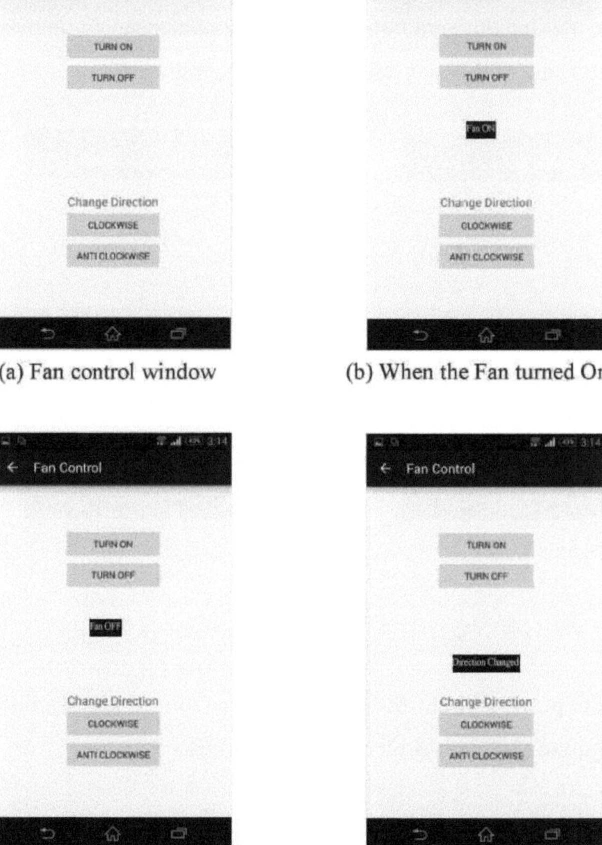

(a) Fan control window   (b) When the Fan turned On

(c) When the Fan turned Off   (d) When direction changed

Figura 5.5 Capturas de ecrã da janela de controlo do ventilador com respostas aos comandos

A Figura 5.6.a. ilustra a interface da janela de controlo do motor passo a passo para controlar o motor passo a passo, na qual o utilizador pode controlar o número de rotações e o número de passos. Além disso, permite ao utilizador alterar a velocidade do motor de passo arrastando a barra deslizante para qualquer valor preferido do seu agrado. Também é possível alterar a direção do motor passo a passo. Ao premir o botão RUN (Executar), o motor passo a passo começa a girar e é apresentada uma mensagem para notificar que o motor passo a passo está a funcionar, como se mostra na Figura 5.6.b, e depois pára quando o número de rotações ou o número de passos estiver concluído. Mas quando o nó não é alimentado, o utilizador será notificado com uma mensagem de que existe um erro na execução do comando, tal como referido anteriormente.

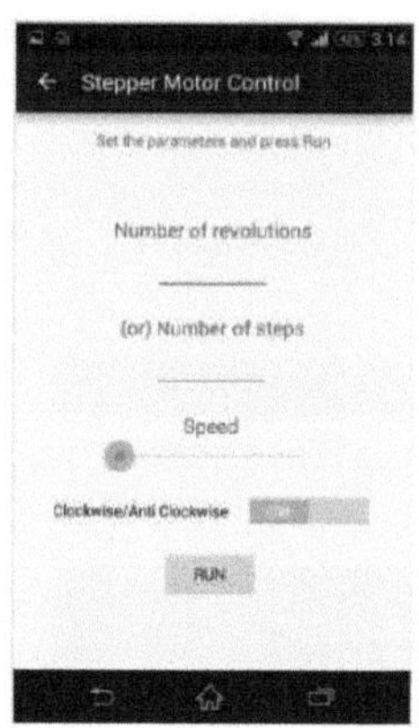

(a) Stepper motor control window

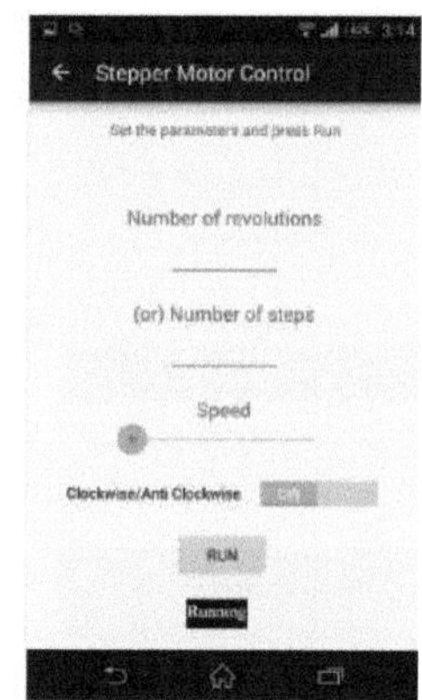

(b) When the stepper motor is running

Figura 5.6 Capturas de ecrã da janela do motor passo a passo

Quando o utilizador prime o botão Alterar palavra-passe no menu do painel de controlo, é apresentado o seguinte ecrã, conforme ilustrado na Figura 5.7.

Figura 5.7 Captura de ecrã da janela Alterar palavra-passe

Aqui o utilizador pode alterar a palavra-passe introduzindo a palavra-passe antiga e, em seguida, introduzindo a nova palavra-passe pretendida e confirmando-a. O utilizador tem de introduzir a palavra-passe atual correta, caso tenha sido introduzida uma palavra-passe inválida, o utilizador será notificado por uma mensagem de que a palavra-passe antiga introduzida não corresponde, como mostra a Figura 5.8.a, e que a nova palavra-passe não pode ser igual à anterior (ver Figura 5.8.b) e ter mais de quatro dígitos, como ilustra a Figura 5.8.c) e, no último campo de texto, o utilizador deve confirmar a nova palavra-passe; se for introduzida uma palavra-passe diferente da anterior, é apresentada uma mensagem que indica que a nova palavra-passe não corresponde, como mostra a figura 5.8.d).

(a) When old password
doesn't match

(b) When new password
is same as the old

(c) When new password
exceeds 4 digitd

(d) When new password
doesn't match

(e) When password is successfully
changed

Figura 5.8 Capturas de ecrã das respostas aos comandos para alterar a palavra-passe

5.2 Página inicial Micro Web-Server/Conceção do nó central

O nó do servidor micro-web doméstico é estabelecido como o nó de base com 1D (13A20040DC9179). O servidor doméstico recebe os pacotes de dados da aplicação Android Wireless Smart Home e envia-os para os electrodomésticos de destino para os controlar. Este projeto foi implementado com a combinação de componentes de software e hardware e os pormenores são explicados nos tópicos seguintes.

5.2.1 Resultados da conceção do hardware do micro-servidor Web

Um servidor doméstico/nó de base concebido com o Arduino Uno, uma proteção Ethernet, um módulo Xbee e uma proteção Xbee, como se mostra na Figura 5.9. Para alimentar este nó, é utilizado um adaptador que liga o microcontrolador Arduino à fonte de alimentação. Para a conetividade com a Internet, é utilizado um cabo LAN para ligar o módulo Ethernet ao router doméstico, a fim de estabelecer a ligação à Internet.

Figura 5.9: Circuito do nó central

5.2.2 Resultados da conceção de software para micro-servidores Web

É criado um pequeno servidor Web capaz de conduzir uma plataforma de comunicação com a aplicação Wireless Smart Home e enviar os pacotes de dados para os nós do dispositivo final de destino através do módulo Xbee nele montado. Este servidor escuta os pedidos de entrada do cliente e processa o pedido para realizar a ação. Quando o utilizador clica nos botões de comando da aplicação, os pacotes de dados são enviados para a Web. De seguida, os dados são processados pelo Micro Web-Server e passam os dados através do seu XBee.

O esboço do código Arduino para o servidor micro-web, tal como apresentado no Apêndice 2, foi carregado com êxito na placa Arduino Uno e funciona na perfeição.

5.3 Conceção de electrodomésticos/nós finais

Existem três nós finais remotos de electrodomésticos neste projeto, que são o LED, a ventoinha e um motor de passo. Cada um deles tem um ID único que pode ser visto na parte de trás dos módulos Xbee. Os módulos Xbee são configurados no software X-CTU.

O mesmo ID PAN é definido para cada um dos nós, para que possam comunicar apenas com o seu nó de base/servidor micro-web doméstico. O ID de cada um dos nós finais é apresentado na Tabela 5.1.

Tabela 5.1: IDs dos nós terminais

Node Name	ID
End Node1/Lighting	0013A20040E43C0C
End Node2/ Fan	0013A200 40E43C04
End Node3/ Stepper motor	0013A20040E43BD0

5.3.1 Conceção do hardware dos nós terminais

Os componentes dos nós variam de um nó para outro. O nó de luz, como mostrado na Figura 5.10, é implementado com um Xbee para receber pacotes de dados do nó base, uma fonte de alimentação para fornecer energia ao nó, uma pequena placa de ensaio e uma placa de interrupção do Xbee para montar o Xbee, dois LEDs são usados neste nó, o verde para ser controlado remotamente e o vermelho apenas para garantir se o nó está alimentado ou não, e algumas resistências e fios de jumper são usados para fazer as conexões.

Figura 5.10: Circuito do nó de LED

O segundo nó, que é o nó da ventoinha, como se mostra na Figura 5.11, é implementado com um Xbee para receber pacotes de dados do nó de base, uma fonte de alimentação para fornecer energia ao nó, uma pequena placa de ensaio e uma placa de interrupção do Xbee para montar o Xbee, uma ventoinha que está a ser operada com um motor DC e este motor é controlado com um IC de condutor de motor de estado sólido. Como este nó requer mais energia do que o primeiro nó, utilizámos uma bateria de 9V como fonte de alimentação e um regulador de tensão para evitar que o Xbee seja danificado, uma vez que o módulo Xbee pode ser operado por 3,3 V. Um LED vermelho apenas para saber se o nó está ligado ou não, uma resistência e alguns fios de ligação em ponte.

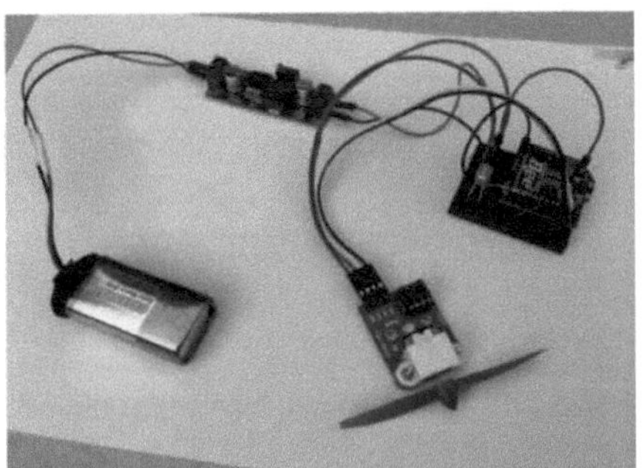

Figura 5.11: Circuito do nó do ventilador

O terceiro nó final é o nó do motor de passo, como apresentado na Figura 5.12, e é diferente dos dois nós finais anteriores em termos de componentes. Neste nó, é utilizado um microcontrolador Arduino porque o microcontrolador integrado do Xbee não é suficiente para acionar o motor de passo. Um módulo Xbee é utilizado para receber os pacotes de dados do nó de base e é montado numa blindagem Xbee e depois esta blindagem é empilhada no microcontrolador Arduino, esta blindagem é utilizada entre eles porque o microcontrolador funciona com 9V mas o módulo Xbee necessita de 3,3V. É utilizado um motor de passo unipolar para ser controlado. Para operar o motor de passo, é necessária uma corrente mais elevada do que a corrente fornecida pelo microcontrolador Arduino, pelo que é utilizado um controlador de motor de passo ULN2003. À semelhança dos outros nós terminais, é utilizada uma placa de ensaio e alguns fios de ligação em ponte para efetuar as ligações, e é utilizado um LED vermelho para saber que o nó está ligado à fonte de alimentação.

Figura 5.12: Circuito do nó do motor passo-a-passo

5.3.2 Conceção do software dos nós terminais

O módulo Xbee para cada um dos nós do dispositivo final é configurado da mesma forma. O código do nó do motor de passo apresentado no Apêndice 3 é carregado com êxito no microcontrolador Arduino. Além disso, os nós do dispositivo final respondem perfeitamente às instruções de comando do utilizador.

REFERÊNCIAS

Alkar, A. Z. & Buhur, U. (2005). Um sistema de automação doméstica sem fios baseado na Internet para dispositivos multifuncionais. *IEEE Transactions on Consumer Electronics, 51(5),* 1169-1174.

Alicia, G. (2010). *New media art, design e o microcontrolador Arduino: Uma piscina maleável* (Tese de Mestrado). Pratt Institute, Nova Iorque, EUA.

Arduino. (2015a). Escudo Ethernet Arduino. Recuperado em 15 de junho de 2015 de http://www.arduino.cc/en/Main/ArduinoEthernetShield

Arduino. (2015b). Arduino Uno. RetrievedJune5 , 2015from http://www.arduino.cc/en/Main/ArduinoBoardUno

Arduino. (2015c). Why Arduino?. RetrievedJune4 , 2015from https://www.arduino.cc/en/Guide/Introduction

Ashton, K. (2009). A tal "internet das coisas". *Jornal RFiD.* Recuperado em 22 de abril de 2015, de http://www.rfidjournal.com/articles/view?4986

Auto Webbed. (2015). A automação residencial transforma a sua casa numa casa inteligente. Recuperado em 30 de abril de 2015, de http://www.autowebbed.com/services/home- automation/

Chiu-Chiao, C., Ching Yuan, H., Shiau-Chin, W., & Cheng-Min, L. (2011). Aplicações interactivas Android baseadas em Bluetooth para uma vida inteligente. *In Proceedings of the 2nd International Conference on Innovations in Bio-inspired Computing and Applications* (pp. 309-312). Washington, DC: IEEE Computer Society.

Cisco. (2015). Internet das Coisas (IoT) Obtido em 20 de outubro de 2015 em http://www.cisco.com/web/solutions/trends/iot/overview.html

Digi International. (2015). Módulos de RF XBee / XBee-PRO ZigBee. Obtido em 20 de maio de 2015 em http://ftp1.digi.com/support/documentation/90000976_W.pdf

ElShafee, A., & Hamed, K. (2012). Conceção e implementação de um sistema de automação doméstica baseado em WiFi. *Academia Mundial de Ciências, Engenharia e Tecnologia, 68,* 2177-2180.

Gartner, Inc. (2011). Gartner's 2011 Hype Cycle Special Report Evaluates the Maturity of 1,900 Technologies Retrieved April 27, 2015 from http : //www.gartner.com/ newsroom/id/1763814

Giusto, D., Iera, A., Morabito, G., & Atzori, L. (Eds.). (2010). A Internet das Coisas. Nova Iorque, NY: Springer-Verlag.

Gunner, B. (2013). MQTT: Habilitando a Internet das Coisas. Recuperado em 22 de abril de 2015, de https://www.ibm.com/developerworks/community/blogs/c565c720-fe84-4f63-873f-607d87787327/entry/tc_overview?lang=ja

Hilton, S. (2012, 14 de janeiro). Progressão da M2M para a Internet das Coisas: um blogue introdutório. Obtido em 29 de abril de 2015, de http://blog.bosch-si.com/progression-from-m2m-to-internet-of-things-an-introductory-blog/

Kamarudin, M. R., M. A. F., & Yusof, M. (2012). Automação residencial inteligente de baixo custo por meio do reconhecimento de fala da Microsoft. *Jornal Internacional de Engenharia e Ciência da Computação, 13,* 6-11.

Kamilaris, A., Trifa, V., & Pitsillides, A., (2011). Home Web: Uma estrutura de aplicação para casas inteligentes baseadas na Web. *Em Actas da 18.ª Conferência Internacional* sobre *Telecomunicações* (pp. 134-139). Ayia Napa: Universidade de Chipre.

Ficha de dados do L9110. (n.d.). Recuperado em 2 de junho de   2015 de http://www.electrodragon.com/w/File:Datasheet-l9110.pdf

Liang, N.-S., Fu, L.-C. & Wu, C.-L. (2002). Uma arquitetura de controlo integrada, flexível e baseada na Internet para o sistema de domótica na era da Internet. *Em Proceedings of IEEE International Conference on Robotics and Automation* (pp. 1101-1106). Washington, DC: Sociedade de Robótica e Automação do IEEE.

Piyare, R., & Tazil, M. (2011). Sistema de automação residencial baseado em Bluetooth usando telemóvel. *In Proceedings of IEEE 15th International Symposium on Consumer Electronics* (pp. 192-195). Singapura: Sociedade de Eletrónica de Consumo do IEEE.

Potts, J., & Sukittanon, S., (2012). Explorando Bluetooth em dispositivos móveis Android para aplicação de segurança doméstica. *Nos Anais da* Conferência *IEEE Southeastcon* (pp. 1-4). Orlando, FL: Região 3 do IEEE.

Rajabzadeh, A., Manashty, A. R., & Jahromi, Z. F. (2010). A Mobile application for smart house remote control system, *World Academy of Science, Engineering and Technology, 62.*

Ramlee, R. A., Leong, M. H., Singh, R.S.S., Ismail, M.M., Othman, M. A., & Sulaiman, H. A. (2013). Sistema de automação residencial remota Bluetooth usando o aplicativo Android. *O Jornal Internacional de Engenharia e Ciência. 2,* 149-153.

Schoenberger, C. R. (2002). A internet das coisas. Recuperado em 25 de abril de 2015, de http://www.forbes.com/global/2002/0318/092.html

Shahriyar, R., Hoque, E., Sohan, S., Naim, I., Akbar, M. M., & Khan, M. K. (2008). Controlo remoto de electrodomésticos através da telefonia móvel. *International*

Journal of Smart Home, 2, 37-54.

Sharma, U. & Reddy, S. R. N. (2012). Projeto de automação de casa/escritório usando rede de sensores sem fio. *Revista Internacional de Aplicações Informáticas, 43,* 53-60.

Shui Kumar. (2014). Sistema ubíquo de casa inteligente usando a aplicação Android. *Revista Internacional de Redes de Computadores e Comunicação, 6*(1), 534-729.

Yan, M., & Shi, H. (2013). Vida inteligente usando smartphone Android baseado em Bluetooth. *Jornal Internacional de Redes Móveis e Sem Fios, 5,* 65-72.

Aliança ZigBee. (2015). A inovação ZigBee liga dispositivos simples e de alta tecnologia para consumidores e empresas. Obtido em 20 de outubro de 2015 em http://www.zigbee.org/zigbee-for-developers/network-specifications/zigbeeip/

Apêndice 1

Código Java para Android

Um excerto de código da janela principal quando o utilizador clica no botão Login

```java
/** Called when the user clicks the Login button */
public void sendLogin(View view)
{
    EditText ip = (EditText) findViewById(R.id.input_ip);
    String ip_address = ip.getText().toString();
    EditText pass = (EditText) findViewById(R.id.input_password);
    String password = pass.getText().toString();
    String login_address = "http://" + ip_address +
"/funLogin?params=" + password;

    intent = new Intent(this, ControlPanel.class);
    intent.putExtra(EXTRA_IP, ip_address);

    //Check for internet connectivity
    ConnectivityManager connMgr = (ConnectivityManager)
            getSystemService(Context.CONNECTIVITY_SERVICE);
    NetworkInfo networkInfo = connMgr.getActiveNetworkInfo();
    if (networkInfo != null && networkInfo.isConnected())
    {
        // fetch data
        new DownloadWebpageTask().execute(login_address);
    } else
    {
        Context context = getApplicationContext();
        CharSequence text = "No network connectivity. Please check
your network connection and try again.";
        int duration = Toast.LENGTH_LONG;
        Toast toast = Toast.makeText(context, text, duration);
        toast.show();
    }
}
```

Um fragmento de código para a janela do painel de controlo

```java
public class ControlPanel extends ActionBarActivity
{
    public final static String EXTRA_IP = "neu.myiot.IP";
    private String ip;

    @Override
    protected void onCreate(Bundle savedInstanceState)
    {
```

```java
        super.onCreate(savedInstanceState);
        // Get the message from the intent
        Intent intent = getIntent();
        ip = intent.getStringExtra(MainActivity.EXTRA_IP);
        setContentView(R.layout.activity_control_panel);
    }

    public void controlLed(View view)
    {
        Intent intent = new Intent(this, LedControl.class);
        intent.putExtra(EXTRA_IP, ip);
        startActivity(intent);
    }

    public void controlFan(View view)
    {
        Intent intent = new Intent(this, FanControl.class);
        intent.putExtra(EXTRA_IP, ip);
        startActivity(intent);
    }

    public void controlStepper(View view)
    {
        Intent intent = new Intent(this, StepperControl.class);
        intent.putExtra(EXTRA_IP, ip);
        startActivity(intent);
    }

    public void changePassword(View view)
    {
        Intent intent = new Intent(this, ChangePassword.class);
        intent.putExtra(EXTRA_IP, ip);
        startActivity(intent);
    }
```

A snippet code for Turning the LED On or Off:

```java
/** Called when the user clicks the LED On button */
public void turnLedOn(View view)
{
    cmd_off=false;
    cmd_on=true;
    String command_address = "http://" + ip + "/funIOT?params=11";

    //Check for internet connectivity
    ConnectivityManager connMgr = (ConnectivityManager)
            getSystemService(Context.CONNECTIVITY_SERVICE);
    NetworkInfo networkInfo = connMgr.getActiveNetworkInfo();
    if (networkInfo != null && networkInfo.isConnected())
    {
        // fetch data
```

```java
        new DownloadWebpageTask().execute(command_address);
    } else
    {
        Context context = getApplicationContext();
        CharSequence text = "No network connectivity. Please check
your network connection and try again.";
        int duration = Toast.LENGTH_LONG;
        Toast toast = Toast.makeText(context, text, duration);
        toast.show();
    }
}


/** Called when the user clicks the LED Off button */
public void turnLedOff(View view)
{
    cmd_off=true;
    cmd_on=false;
    String command_address = "http://" + ip + "/funIOT?params=10";

    //Check for internet connectivity
    ConnectivityManager connMgr = (ConnectivityManager)
            getSystemService(Context.CONNECTIVITY_SERVICE);
    NetworkInfo networkInfo = connMgr.getActiveNetworkInfo();
    if (networkInfo != null && networkInfo.isConnected())
    {
        // fetch data
        new DownloadWebpageTask().execute(command_address);
    } else
    {
        Context context = getApplicationContext();
        CharSequence text = "No network connectivity. Please check
your network connection and try again.";
        int duration = Toast.LENGTH_LONG;
        Toast toast = Toast.makeText(context, text, duration);
        toast.show();
    }
}
```

A part of code for password changing option

```java
** Called when the user wants to change the password */
public void submitPassword(View view)
{
    SharedPreferences sharedPref=
getSharedPreferences(getString(R.string.preference_file_key),Conte
xt.MODE_PRIVATE);
    String saved_old_pwd = sharedPref.getString("saved_pwd", "");

    EditText temp1 = (EditText)
findViewById(R.id.inputOldPassword);
    String entered_old_pwd = temp1.getText().toString();
```

```java
    EditText temp2 = (EditText)
findViewById(R.id.inputNewPassword);
    String entered_new_pwd = temp2.getText().toString();
    EditText temp3 = (EditText)
findViewById(R.id.inputRePassword);
    String entered_re_pwd = temp3.getText().toString();

    if (!(entered_old_pwd.equals(saved_old_pwd)))
    {
        Context context = getApplicationContext();
        CharSequence text = "Old password doesn't match";
        int duration = Toast.LENGTH_LONG;
        Toast toast = Toast.makeText(context, text, duration);
        toast.show();
    }
    else if ((entered_old_pwd.equals(entered_new_pwd)))
    {
        Context context = getApplicationContext();
        CharSequence text = "New password is same as the old
password";
        int duration = Toast.LENGTH_LONG;
        Toast toast = Toast.makeText(context, text, duration);
        toast.show();
    }
    else if(entered_new_pwd.length()>4)
    {
        Context context = getApplicationContext();
        CharSequence text = "Password length should not exceed 4
digits";
        int duration = Toast.LENGTH_LONG;
        Toast toast = Toast.makeText(context, text, duration);
        toast.show();
    }
    else if (!(entered_re_pwd.equals(entered_new_pwd)))
    {
        Context context = getApplicationContext();
        CharSequence text = "New password doesn't match";
        int duration = Toast.LENGTH_LONG;
        Toast toast = Toast.makeText(context, text, duration);
        toast.show();
    }
    else
    {
        String command_address = "http://" + ip +
"/funChangePass?params=" + entered_new_pwd;

        //Check for internet connectivity
        ConnectivityManager connMgr = (ConnectivityManager)
            getSystemService(Context.CONNECTIVITY_SERVICE);
        NetworkInfo networkInfo = connMgr.getActiveNetworkInfo();
        if (networkInfo != null && networkInfo.isConnected()) {
```

```java
        // fetch data
        new DownloadWebpageTask().execute(command_address);
    } else {
        Context context = getApplicationContext();
        CharSequence text = "No network connectivity. Please
check your network connection and try again.";
        int duration = Toast.LENGTH_LONG;
        Toast toast = Toast.makeText(context, text, duration);
        toast.show();
    }
  }
}
```

Apêndice 2

Código do Micro Servidor Web Ethernet Arduino

A seguir estão algumas partes do código do servidor web central node/micro

```cpp
#include <SPI.h>
#include <Ethernet.h>
#include <aREST.h>
#include <XBee.h>


//variables for Server
EthernetServer server(80);    //server at port 80
aREST rest = aREST();      //rest api instance

//variables for Xbee
XBee xbee = XBee();
XBeeAddress64  node1 = XBeeAddress64(0x0013A200, 0x40E43BD0);  //the led node
XBeeAddress64  node2 = XBeeAddress64(0x0013A200, 0x40E43C04);  //the fan node
XBeeAddress64  node3 = XBeeAddress64(0x0013A200, 0x40E43C0C);  //the stepper motor node

void setup()
{
  Serial.begin(9600);

  // Function to be exposed
  rest.function("funLogin",login);
  rest.function("funLogout",logout);
  rest.function("funChangePass",change_password);
  rest.function("funIOT",IOT);


bool send_cmd()
{
  xbee.send(remoteAtRequest);
  if(xbee.readPacket(1000))
  {
    if (xbee.getResponse().getApiId() == REMOTE_AT_COMMAND_RESPONSE)
    {
      xbee.getResponse().getRemoteAtCommandResponse(remoteAtResponse);
      if (remoteAtResponse.isOk())
      {
        ans=1;
      }
      else
      {
```

```cpp
    ans=0;
     }
    }
  }
  else
  {
   ans=0;
  }
  return (ans);
}

int led(int CMD)
{
 if (authenticated == false)
 {
  return 0;
 }
 if (CMD == 1)   //turn on the led
 {
  cmd[0] = 'D';
  cmd[1] = '0';
  cmdValue[0] = 0x5;
  remoteAtRequest.setRemoteAddress64(node1);
  remoteAtRequest.setCommand(cmd);
  remoteAtRequest.setCommandValue(cmdValue);
  remoteAtRequest.setCommandValueLength(sizeof(cmdValue));
  return (send_cmd());
 }
 if (CMD == 0)
 {
  cmd[0] = 'D';
  cmd[1] = '0';
  cmdValue[0] = 0x4;
  remoteAtRequest.setRemoteAddress64(node1);
  remoteAtRequest.setCommand(cmd);
  remoteAtRequest.setCommandValue(cmdValue);
  remoteAtRequest.setCommandValueLength(sizeof(cmdValue));
  return (send_cmd());
 }
}

int fan(int CMD)
{
 if (authenticated == false)
 {
  return 0;
 }
 if (CMD == 1)   //turn on the fan
 {
  cmd[0] = 'D';
```

```cpp
    if(_fan_dir)
      cmd[1] = '1';
    else
      cmd[1] = '0';
    cmdValue[0] = 0x5;
    remoteAtRequest.setRemoteAddress64(node2);
    remoteAtRequest.setCommand(cmd);
    remoteAtRequest.setCommandValue(cmdValue);
    remoteAtRequest.setCommandValueLength(sizeof(cmdValue));
    return(send_cmd());
  }
  if (CMD == 0)
  {
    cmd[0] = 'D';
    cmd[1] = '0';
    cmdValue[0] = 0x4;
    remoteAtRequest.setRemoteAddress64(node2);
    remoteAtRequest.setCommand(cmd);
    remoteAtRequest.setCommandValue(cmdValue);
    remoteAtRequest.setCommandValueLength(sizeof(cmdValue));
    if(send_cmd())
    {
      cmd[0] = 'D';
      cmd[1] = '1';
      cmdValue[0] = 0x4;
      remoteAtRequest.setRemoteAddress64(node2);
      remoteAtRequest.setCommand(cmd);
      remoteAtRequest.setCommandValue(cmdValue);
      remoteAtRequest.setCommandValueLength(sizeof(cmdValue));
      return(send_cmd());
    }
    else
      return 0;
  }
}

int fan_dir(int CMD)
{
  int tt=0;
  if (authenticated == false)
  {
    return 0;
  }
  if (CMD == 1)   //change the direction
  {
    cmd[0] = 'D';
    cmd[1] = '0';
    cmdValue[0] = 0x4;
    remoteAtRequest.setRemoteAddress64(node2);
    remoteAtRequest.setCommand(cmd);
```

```cpp
    remoteAtRequest.setCommandValue(cmdValue);
    remoteAtRequest.setCommandValueLength(sizeof(cmdValue));
    if(send_cmd())
     {
      cmd[0] = 'D';
      cmd[1] = '1';
      cmdValue[0] = 0x5;
      remoteAtRequest.setRemoteAddress64(node2);
      remoteAtRequest.setCommand(cmd);
      remoteAtRequest.setCommandValue(cmdValue);
      remoteAtRequest.setCommandValueLength(sizeof(cmdValue));
      return (send_cmd());
     }
    else
      return 0;
   }
  if (CMD == 0)   //change to anti-clockwise
   {
    cmd[0] = 'D';
    cmd[1] = '0';
    cmdValue[0] = 0x4;
    remoteAtRequest.setRemoteAddress64(node2);
    remoteAtRequest.setCommand(cmd);
    remoteAtRequest.setCommandValue(cmdValue);
    remoteAtRequest.setCommandValueLength(sizeof(cmdValue));
    if(send_cmd())
     {
      cmd[0] = 'D';
      cmd[1] = '1';
      cmdValue[0] = 0x5;
      remoteAtRequest.setRemoteAddress64(node2);
      remoteAtRequest.setCommand(cmd);
      remoteAtRequest.setCommandValue(cmdValue);
      remoteAtRequest.setCommandValueLength(sizeof(cmdValue));
      return (send_cmd());
     }
    else
      return 0;
   }
 }
```

```cpp
xbee.send(zbTx);
if(xbee.readPacket(1000))
 {
  if (xbee.getResponse().getApiId() == ZB_TX_STATUS_RESPONSE)
   {
    xbee.getResponse().getZBTxStatusResponse(txStatus);
    if (txStatus.getDeliveryStatus() == SUCCESS)
     {
      ans=1;
```

```
        }
      else
        {
          ans=0;
        }
      }
    }
  else
    {
      ans=0;
    }
  return (ans);
}
```

```java
int login(String command)
{
  int pass = command.toInt();

  if (pass == PASSWORD)
  {
    authenticated = true;
    return 1;
  }
  else
  {
    authenticated = false;
    return 0;
  }}
```

```java
int logout(String command)
{
  int pass = command.toInt();

  authenticated = false;
  return 1;
}
```

```java
int change_password(String command)
{
  int pass = command.toInt();
  if (authenticated == false)
  {
    return 0;
  }
  else
  {
    PASSWORD = pass;
    return (1);
```

```cpp
}}
```

```cpp
int IOT(String command)
{
  int parameter = 0;
  int ret = 0;
  int d,x=0;
  String t1,t2,t3;
  String temp2 = command.substring(0,1);
  String temp = command.substring(1);
  int CMD = temp2.toInt();
  if (CMD != 5)
  {
    parameter = temp.toInt();
  }
  switch(CMD)
  {
    case (1):   //LED ON/OFF control
      ret = led(parameter);
      break;
    case (2):   //FAN ON/OFF control
      ret = fan(parameter);
      break;
    case (3):   //FAN direction control
//    ret = fan_dir(parameter);
    {
      ret = fan(0);
      _fan_dir = parameter;
      delay(1000);
//    ret = fan(1);
      break;
    }
```

Apêndice 3

Código do nó do motor de passo Ardunio

Segue-se um excerto de código carregado no Arduino do Node3 para controlar o motor passo a passo

```
void loop()
{
 if(Serial.available()>0)
  {
   while(Serial.available()>0)
    {
     steps = Serial.parseInt();
     in = Serial.read();
    }
   if(in=='p')
    {
     digitalWrite(13, HIGH);
     Direction=0;   //+ve direction
    }
   if(in=='n')
    {
     digitalWrite(13, LOW);
     Direction=1;   //-ve direction
    }
   if(in=='s')
     Speed=steps;
   if(in=='r')
    {
     myStepper.setSpeed(Speed);
     if(Direction == 0)
       myStepper.step(steps);
     if(Direction == 1)
       myStepper.step((-1*steps));
    }
  }
 delay(1);
}
```

More
Books!

info@omniscriptum.com
www.omniscriptum.com
OMNIScriptum